FRANCISCVS
SANCHEZ
PHILOSOPHVS
ET MEDICVS
DOCTOR.

QVOD NIHIL SCITVR.

VIRTVTE DVCE

COMITE FORTVNA

LVGDVNI,
APVD ANT. GRYPHIVM.
M. D. LXXXI.

Nihil est hominum inepta persuasione
falsius ac ficta severitate ineptius.

Petr. Arbiter.

INTEGERRIMO,

DISERTISSIMOQVE
VIRO IACOBO A
CASTRO, FRANCISCVS
SANCHEZ S. P.

VM nuper librorum scri-
nium euoluerem, amicissi-
me Iacobe, incidi fortè in
opusculum hoc, quod ante
septennium edideram, có-
dideramq; vsque in nonú
annum illius consilio: re-
perique id adeò tineis &
blattis laceratum, vt si biennium adhuc distulis-
sem in lucem proferre, timendum erat, ne tunc
potius in ignem, quàm in lucem mittere necesse
fuisset. Id me coëgit illud præproperè abortare.
sed quemadmodum humani partus non solùm
qui nonum attigêre mensem, verùm & septime-
stres etiá vitales sunt, sic septenne hoc infectum
superstes esse poterit. Est & alia ratio. Parturimus
propediem nonnulla alia, quibus hoc præuium
esse oportet. Quòd si tandiu expectandum foret
donec nil corrigi, nil mutari posset, Sisyphi saxum
volueremus, nusquam finis lambendi vrsi, nil da-
remus in vulgum vnquam. Adde quòd vsu sæpe
venire videmus, vt qui multoties opus idem re-
petunt vt forment, tandem deformant. Exeat

* 2   igitur

igitur bonis auibus in campum, falfitatem expu-
gnaturus miles. Quòd fi ab hoftibus premi contingat, moneo in caftra, à Caftro amantiffime, fe
recipiat tua: nullibi enim tutior effe poffit. fed ne
forfan fores illi præcludas. non anteà cognito,
eum tibi mitto cum mandatis, vt quamprimùm
te ex nobis falutet, amicitiam noftram con-
firmet, infigníque tuo inftructus in
militiam prodeat. Excipe ergo
eum læta fronte, & in nu-
merum tuorum afcribe,
nófque cum illo.
Vale, Tolofa.
.

FRANCISCVS
SANCHEZ
LECTORI S.

NNATVM homini velle scire: paucis concessum scire velle: paucio-
ribus scire. Nec mihi ab aliis diuersa
fortuna successit. A prima vita, Naturæ contemplationi addictus mi-
nutim omnia inquirebam. Et quā-
uis initio auidus animus sciendi
quocumque oblato cibo contentus
esset vtcumque: post modicum tamen tempus indige-
stione præhensus reuomere cœpit omnia. Quærebamq́;
iam tunc quid illi darem quod & perfectè amplecteret-
tur, & frueretur absolutè: nec erat qui desiderium exple-
ret meum. Euoluebam præteritorum dicta, tentabam
præsentiū corda: idem respondebant: quod tamen mihi
satisfaceret, omnino nihil. Vmbras quasdā fateor veritatis
referebant aliqui: nullū tamen inueni, qui quid de rebus
iudicandum sincerè, absoluteq́ue proferret. Ad me proinde memetipsum retuli; omniaq́; in dubium reuocans,
ac si à quopiam nil vnquam dictum, res ipsas examinare
cœpi: qui verus est sciendi modus. Resoluebam vsque ad
extrema principia. Inde initium contemplationis faciēs,
quò magis cogito magis dubito: nil perfectè complecti
possum. Despero. Persisto tamen. Magis. Accedo ad Doctores auidè ab eis veritatem expetiturus. Quid ipsi?
Quisque sibi scientiam construit ex imaginationibus tū
alterius, tum propriis: ex his alias inferunt: & ex his iterū
alias: nil in rebus perpendentes, quousque labyrinthum
verborum absque aliquo fundamento veritatis produ-
xere: ex quo tandem non res intelligas naturales; sed
nouarum rerum, fictionumq́; texturam discas: quibus
intelligendis nulla sufficiat mens. Quis enim quæ non

* 3 sunt

sunt intelligat? Hinc Democriti Atomi, Platonis Ideæ,
Numeri Pythagoræ, Aristotelis Vniuersalia, agens intellectus, & intelligentiæ. His ignaros expiscantur, se incognita, Naturæq; recondita inueniffe prodentes. Credunt
hi, facileq; ad Ariftotelem conuolant, voluunt, euoluunt,
memoriæ mandant: ifq; doctior eft, qui plura ex Arifto-
tele nouit recitare. Quibus fi vel minimum neges, muti
fiunt: te tamen blafphemum clamant. fi contra arguas,
fophiftam. Quid his facias? Miferum. Decipiantur qui
decipi volunt. Non his fcribo, nec proinde fcripta legant
mea. Non deerit tamen inter eos aliquis, qui lectis, nec
intellectis, (quid enim afino cum lyra?) dente ferire tentet. Aft rumpitur impactus adamanto malleus: Aefopi-
cáque ferpens, limam dum rodere putat, dentes frangit
proprios. Cum iis igitur mihi res fit, qui nullius addicti
iurare in verba magiftri, proprio marte res expendunt,
fenfu, rationéque ducti. Tu igitur quifquis es eiufdem
mecū conditionis, temperamentíque: quíque de rerum
naturis fæpiffimè tecum dubitafti, dubita modò mecum: ingenia noftra, naturámque fimul exerceamus.
fit mihi liberum iudicium, non irrationabile tamen. Tibi
tale & concedo, & precor. At dices forfan, quid poft tot,
tantófque viros tu nobis adferre potes noui? Téne ex-
pectabat Veritas? Minimè quidem. fed nec illos expe-
ctauerat anteà. Nil igitur noui. fi fic, cur fcripfit Ariftote-
les? aut cur tacebimus nos? An ille Naturæ poteftatem
determinauit totam, ambitúmque vniuerfum comple-
xus eft? Non crediderim. licet doctiffimi quidam ex recentioribus ei nimis addicti fic prædicent: eum infuper
vocantes Veritatis Dictatorem, Veritatis tribunal, Veritatis rempub. dignis fanè tanto laudato, & tanto laudan-
te epithetis: fed quæ magis laudem ex alterius laudatio-
ne, & verborum ornatu affectare videantur, & merean-
tur; quàm Veritatis rempub. In hac enim, vt & in eiufdé
tribunali, nil nifi Veritas. In illo autem quot ab hac aliena? Sanè plurima, vt fuo quoque loco videbimus. Et acu-
tiffimi ifti eius alumni & laudatores, in pluribus ei repu-
gnarunt.

Scaliger.

gnarunt;ab eodem, credo, Veritatis tribunali compulsi:
nisi malint ab ambitione, & liuore. Hercule Aristotelem
inter acutissimos Naturæ scrutatores plurimùm valere
iudico; vnúmque esse præcipuum ex mirabilibus humanæ infirmitatis ingeniis. Nullibi tamen errasse, non asse-
rerem: plurima ignorasse affirmo; n multis hæsitasse; non
pauca confuse tradidisse; alia succinctè perstrinxisse;
quædam tacitè præteriisse, aut fugisse, video. Homo erat,
vt & nos: quíque coactus sæpe humanæ mentis torpo-
rem, infirmitatémque detegit. Nos eandem dolentes hic
& manifestamus, & exercemus, & exhaurimus; dum
plurima cogitando elicimus, qüæ vt veterum decretis
abscedunt, sic ad Veritatis accedere videntur. Tale est
iudicium nostrum. succedunt temporibus tempora, sic
hominum diuersæ opiniones: quorum quisque se verum
inuenisse credit: cùm ex mille varia opinantibus solus
vnus inuenisse potest. Liceat igitur & mihi cum reliquis,
aut etiam absque illis, idem inquirere: forsan attingam.
Plures enim canes faciliùs prædam venantur vno. Nil
itaque mirum tibi videatur, si post tot, vt arguis, tantós-
que viros tantillus ego lapidem hunc moueam: soluit
enim quandoque à vinculis mus leonem. Nec proinde
tamen Veritatem tibi omnino polliceor, vt qui eam, vt
alia omnia, ignorem: inquiram tamen in quantum po-
tero: túq; vtcumque apertam, & è latebris excussam per-
sequeris. Nec tamen eam arripere speres vnquam, aut
sciens tenere: sufficiat tibi quod & mihi, eandem agita-
re. Hic mihi scopus, hic finis est: hunc tu quærere etiam
debes. Quo posito, à principiis rerum exordium sumen-
tes, grauiora Philosophiæ capita examinabimus, ex quibus faciliùs reliqua colligi possint. Nec enim in his in-
morari in votis est omnino: ad Medicam quippe artem
viam affectamus, cuius professores sumus: cuiusq; principia omnia Philosophicæ contemplationis sunt: vt eadem manu duos simul moueamus lapides: nec enim
aliter vita sufficeret. Excusandus subinde venio, si dum
Veritati inquirendæ studeo, minutiora quædam con-
tempsero.

* 4

tempſero. Non igitur à me comptam & poſitam expe-
ctes orationem. Darem quidem ſi vellem:ſ.d labitur in-
terea veritas,dum verbum pro verbo ſupponimus , am-
bagibuſque vtimur:hoc namque eſt verba dare.Si id vis,
pete à Cicerone,cuius hoc minus eſt : ſat enim pulchrè
dixero,ſi ſat verè. Decent bella verba Rhetores, Poëtas,
aulicos,amatores,meretrices,lenones, adulatores,para-
ſitos,& his ſimiles cuibus belle loqui finis eſt. Scientiæ
ſufficit propriè , imò neceſſarium eſt : quod tamen cum
illo ſtire non poteſt.Nec à me poſtules multorum auto-
ritates,aut in autores reuerentiam, quæ potius ſeruilis &
indocti animi eſt,quàm liberi, & veritatem inquirentis.
Solam ſequar ratione Naturam. Autoritas credere iubet;
ratio demonſtrat:Illa fidei;hæc ſcientiis aptior. Proinde
quæ ab aliis rectè dicta videbuntur,ratione confirmabo:
quæ falsò,eadem infirmabo. Faxítque Deus,vt quo ego
animo hæc tibi vigilans elaboro,eodem tu elaborata ex-
cipias vigilans,ſanáque mente iudices:& quæ falſa videbuntur,firmis rationibus,(quod vt Philoſophi eſt , ſic
mihi valde gratum)non infirmis iniuriis,(quod vt fœmi-
narum,ſic Philoſopho iſtdignum,& mihi omnino ingra-
tum) quod cùm liuidi,tum ignari quidam faciunt , la-
ceſſas:quæ verò ſana, approbes & confirmes. Quod vt
ſiet ſpero , ſic tu maiora prope diem expecta. Vale. Ex
Toloſa,Kal. Ianu. Anno redemptionis. M. D. LXXVI.

QVID?

FRANCISCVS
SANCHEZ
PHILOSOPHVS
ET MEDICVS
DOCTOR.
⁎

QVOD NIHIL SCITVR.

NEC vnum hoc scio, me nihil scire: Coniector tamen nec me, nec alios. Hæc mihi vexillum propositio sit, hæc sequenda venit, Nihil scitur. Hanc si probare sciuero, merito concludam, nil Ambigua cōsequētia. scari: si nesciuero, hoc ipso melius: id enim asserebam. At dices: si probare scias, contrariū sequetur, aliquid enim scio iam. At ego cōtrà priùs conclusi, quàm tu argueres. Iam incipio turbare rem: Ex hoc ipso iam sequitur, nil sciri. Forsan non intellexisti, meą ignarum aut cauillatorem vocas. Verum dixisti. Melius ego te, quia non intellexisti. Ignari igitur ambo. Iam ergo nesciens conclusisti quod quærebam. Si intellexisti ambiguitatem consequentiæ, apertè vidisti, nil sciri: Sin minùs, cogita, distingue, & mihi solue nodum. Acue ingenium. Persequor. A nomine rem ducamus. Mihi enim omnis Omnis definitio nominalis est, & ferè omnis quæstio. nominalis definitio est, & ferè omnis quæstio. Explico. Rerum naturas cognoscere non possumus, ego saltem: Si dicas, te benè, non contendam, falsum tamen est: Cur enim tu potiùs? Et hinc nil scimus. Quòd si non cognoscamus,

A   quo

quo pacto demonstrabimus? Nullo. Tu tamen diffinitio-
nem dicis esse quæ rei naturam demonstrat. Da mihi
vnam. Non habes. Concludo ergo. Amplius rei quam
non cognoscimus quomodo nomina imponemus? Non
video. Sunt tamen. Hinc circa nomina dubitatio perpetua, & multa in verbis confusio & fallacia: quin & in
his omnibus quæ modò protuli forsan. Conclude tu. Dices
definire te rem quæ est homo hac definitione, Animal rationale mortale, non verbum. Nego. Dubito enim rursus de verbo animal, & de rationale, & alio. Definies
adhuc hæc per superiora genera & differentias, vt vocas,
vsque ad Ens. Idem de singulis nominibus quæram.
Tandem de ultimo Ente: nec enim scis quid significet.

Non definies, quia non habet superius genus, dices. Non
intelligo hoc. Nec tu. Nescis quid sit Ens. Minùs ego. Dices tamen in quæstionibus tandem quiescendum. Hoc non
soluit dubium, nec explet mentem. Prodis coactus ignorantiam. Gaudeo. Et ego. Procedo. Vna res homo est,
eam tamen pluribus insignis nominibus, Ente, substātia,
corpore, viuenti, animali, homine, & tandem Socrate.
An non hæc verba sunt? sanè. Si idem significant, super-
flua: Si diuersa, non eadem res & vna homo. Plura dicis in eodem considero homine, quibus singulis propria at-
tribuo nomina. Rem magis dubiam facis. Nec hominem
intelligis totum, qui magnum quid est, crassum, & sensu
perceptibile: & in tam minima diuidis, quæ sensum
effugiunt certissimum omnium iudicem, ratione inda-
ganda fallaci & obscura! Male agis, & decipis me, &
magiste. Quæro, quid in homine vocas animal, viuens,
corpus, substantia, Ens? Nescis vt antèa. Nec ego. Et id
vole

volebam. Dicam tamen inferius. Dein peto, quid hoc nomen qualitas, significat? quid Natura? anima? vita? Dices, hoc. Negabo facile: aliud enim. Proba. Recurris ad Aristotelem. Ego ad Ciceronem, cuius munus est verborum significationes ostendere. Dices non tam proprie loquutum Ciceronem, nec tam exquisite. Ego contra contendam: hanc enim Cicero exercebat artem, non Aristot. Si amplius quæras, alios adferam Latinæ linguæ excultores, vel Græcæ: idem enim est. Nulla inter eos concordia, nulla certitudo, nulla stabilitas, nulli limites. Quisque ad libitum verba dilacerat, hinc inde distorquet, & proposito suo accommodat. Hinc tot tropi, tot figuræ, tot regulæ, tot mixtiones, quibus omnibus Grammatica constat. Quid autem Rhetorica & Poëtica non peruertunt? Quibus non abutuntur modis? Atque hi omnes loquacitatem tantùm exercent inutilem, sed ad libitum, soluteq́, vt dicunt. At Dialectica seu Logica eandem etiam, sed non eodem modo: verba enim in ordinem disponit, in aciem parat, prohibetq́, disparata pugnare, sed coniunctim: dat leges: coërcet, permittit, cogit. Denique illæ similes sunt eis qui turmas & castra effingunt in publicis ludis & spectaculis, in quibus plus decoris quàm roboris desideratur: Hæ contra eis qui ad Martem serio se comparant, quibus plus virium quàm pulchritudinis inesse conuenit. Omnibus autem verba milites sunt & obiectum. Cui horum credes magis? Dubium est. Quisque sibi credi vult. Nec hoc sufficit. Verborum significationes magis aut omnino à vulgo pendere videntur, ab eoq́, proinde petendas esse: Quis enim nos loqui docuit nisi vulgus? Nam & hac ratione fere omnes qui hactenus scri-

Marginal notes:

Nulla in vobis constantia, certitudo, nec stabilitas.

Conuenientia differentiaq́; Rhetorices, & Poëtices cum Logica.

Verborum significatio à vulgo pendet.

pserunt,ea quæ frequentius in hominum ore sunt pro fundaméto disputationis sumpsere: vt ille, Tunc nos aliquid scire dicimur, cùm eius causas principiaq́; cognoscimus: Et alter, Sumendum verò & hic omnium consensu approbatum principium, quòd omnes homines tunc se sanos existimant, cùm &c. In vulgo autem an aliqua certitudo & stabilitas? Nequicquam. Quomodo ergo in verbis quies vnquam erit? Iam non est quò fugias. Dices forsan quærendum esse, qua significatione qui primùm imposuit vsus fuerit. Quære igitur: non inuenies. sed iam satis. An non planè de nomine omnis quæstio? Mihi sanè probasse videor. si neges, præcipua quæstionis probationem confirmabis. Sed mox probabitur meliùs. Ergo quid scientiæ nomine intelligendum sit videamus. Nam si hæc nulla sit, nullus subinde ab ea denominabitur sciens. Quid Aristoteles? Hûc enim (vt qui acutißimus fuit Naturæ scrutator, quemq́; vt plurimùm sequitur Philosophorû maior turba) pro omnibus aliis examinasse sufficiat: ne, si côtra omnes pugnandum esset, in infinitum abiret opus, Naturamq́; item aliorum more dimitteremus. Quid igitur ille? Scientia habitus per demonstrationem acquisitus. Non intelligo. Et hoc peßimum. Obscurum per obscurius. sic homines decipiunt. Quid habitus? Minùs scio quàm quid scientia. Minus tu. Dic, firma qualitas. Adhuc minus. Quò plus procedis minus promoues, quò plura verba maior confusio. Detrudis me in lineam prædicamétalem, & inde semper ad Ens, quod nescis quid sit. At nonnè ad prædicamenta reducenda omnia? Sanè. Quid inde? in labyrinthum omnia ducenda. Quid Prædicamenta? Series verborum lõga. Mirum, quid dixi? Dico.

Verbo

Marginal notes: Arist.1.phys. & alibi passim. Gal.1.de Different.morborum.1. — In verbis nulla quies. — Aristo. acutißimus Naturæ scrutator. — Definitio scientiæ ex Aristot. — Confutatio eiusdem definitionis. — Quo plura verba maior confusio. — Prædicamétû series verborû longa.

Verborum alia communißima, Ens, verum, bonum, si
velis: Alia minus communia. substantia, corpus: Alia
propria, Socrates, Plato. Illa significat omnia: Ista plura:
Hæc vnum. Sequitur, quum dicunt, Socrates est homo,
& hinc animal, &c. significari, hoc quod ostendo (Socra-
tem intellige) sic vocari particulari nomine: Cum aliis
autem figura similibus, communi nomine, hominem: Cum
equo & reliquis quæ mouentur, dißimilis tamen sunt fi-
guræ, animal: Communißimo cū rebus omnibus, Ens. De
reliquis Prædicamentis idem. Non sufficit id. simplicibus
verbis non contenti, vt rem difficiliorem efficiant, com-
munibus vtuntur apposita differentia aliqua: vt pro
homine, Animal rationale mortale: quorum quodlibet
primo difficilius est. Vbi enim multitudo ibi confusio, &
quò ampliora verba eò confusa & obscura magis. Hoc
minimum. Super hæc mira construunt. De verborum hac
serie (Prædicamenta vocant) plura disputant, de ordi-
ne, de numero, de capite, de differentia, de proprietatibus,
de reductione omnium rerum ad illa, hæc reducunt ad
rectam lineam, illa ad latus: Hæc per se, illa ratione sui
contrarij: Hæc communia sunt duobus, illa malè redu-
cuntur ad illud: Hæc non habent ad quod reducantur.
Ergo vel si sit cælum, si non obtinuit locum in prædica-
mento, iam nihil est. Quid dicam? In infinitas hinc tra-
huntur nugas. Amplius adhuc verborum verba confin-
gentes, omnino se, miserósque audientes in profundum
ineptumq́ Chaos prouoluunt. His tota plena Aristotel.
Logica, multaq́ magis quas post eum conscripsere recen-
tiores, Dialectica. Communiora enim nomina vocant
genera, alia species; Differentias, Propria, Indiuidua.

A 3   *Si.*

Si quæras, quid hoc. Commune quid abstractum per intellectum. Aristotelis fictio Ideis non dissimilis. De abstractione statim. De intellectu agente (noua res) abstrahente aut illuminante, (potiùs obscurante) & de intelligente, vnde consurgit vniuersale quod est animal. Eò rem ducunt, vt asinus significem mentem istorum Logicorum, quæ non nisi communem asinum comprehendere potest, imò eum formare: quum tamen quilibet eorū particularis asinus sit. Quid dices? An non hæc verba & stultitiæ? Verum quidem. Atque hoc de simplicibus tantùm terminis, Prædicabilia vocant. De quibus adhuc quot, quæ, quid? Nihil, nugæ. Iterum vocant hæc æquiuoca, illa vniuoca, analoga, denominatiua, terminos, voces, verba, dictiones, simplices, compositas: complexas, incomplexas: mentales, vocales, scriptas: à placito, à Natura: primæ intentionis, secundæ intentionis: categorematicas, syncategorematicas: vagas, confusas: innumeráſque alias nominum denominationes, rursusq́ harum alias: & circa harum quamlibet subtiles admodum disputationes formant, adeo sanè subtiles, vt vel minimo ictu in nihilum impellas. An tu hoc scire vocas? Ego nescire. At nunc incipimus. si verbum verbo iungas, hoc opus hic labor est: subiectum, prædicatum, copulam, propositionem, definitionem, diuisionē, argumentationémque constituunt. Horum rursus infinitas alias species, differentias, conditiones. Quid dicā? Dum mentem scientia perfici aiunt, amentes omnino fiunt: qui rerum Naturas & causas inuestigare deberent & prædicant, nouas fingunt: quique plura & obscuriora fingit, doctor ille: vnde & de sophismatis etiā

scien

Marginal notes:

Vniuersale fictio Ideis no dissimilis

Intellectus agens noua res.

Prædicabilia sunt simplices termini.

Futiles disputationes Logicorū.

Dilectici nouas res fingunt.

scientiam scripsit ille. sic fictio fictionem soluit, & clauu
clauum pellit: similésque mihi videntur iis qui Necro-
mantiæ, incantationibúsque operam dant, quorum qui
versutior est, vt aiunt, alterius actiones conatúsque
eludit, irritos facit, soluit, impeditque. Quod impij quidam olim Diuino Mosi obiecerunt de serpente, qui ma-
gorum alios deuorauit. Sic nostri hi incantatores verbis confisi, nil scientes, plura tamen se scire produnt, ne
inscitiæ arguantur. Ego contrà inscitiam libenter confi-
teor meam, libentiúsque suam detego. Nil scio. Minus
illi. Quid igitur obscuris verbis mentes nobis obliniūt?
Hæc de habitu. Iã quid illud est Demonstratio? Diffi-
nies iterũ, Syllogismus scientiã pariens. Circulum comi-
sisti, méque proinde & te decepisti. Sed quid Syllogismus? Mirum, arrige aures, extende phantasiam : nec
enim tot verba capiet forsan. Quàm subtilis, quàm
longa, quàm difficilis Syllogismorum scientia. Sanè futilis, longa, difficilis, nulla Syllogismorum scientia. Ah
blasphemaui. Verum, quia verum dixi. Iam lapidibus
dignus sum. Tu contrà fustibus, quia decipis. Ignorantia enim meretur vtcumque veniam, fallacia supplicium. Audi, proba hominem esse ens. sic dicis, Homo
substantia est: hæc ens: ergo homo ens. De primo dubito
& secundo. Probas, homo corpus est: hoc substantia: ergo
homo substantia. Iterum de ambobus. Dicis, homo viuens: hoc corpus: ergo homo corpus. Et de istis. sic, homo
animal: hoc viuens: ergo homo viuens. Summe Deus
quæ series, quæ farrago, vt probes hominem esse ens!
Obscurior probatio quæsita. Adhuc nego hominem animal esse. Quid dices? Nõ sunt plura genera. Quò fugies?

Ad

Arist. Elēn-
chi.
Dialectici
similes sunt
Necromā-
ticis.

Exod. 7.

Futilis syllo
gismorum
scientia.

Ignorantia
veniã mere
tur, fallacia
supplicium.

Inept' Dia-
lecticorum
probandi
modus.

Ad definitionem animalis, quæ est, viuens mobile & sensile: Talis homo. Vtrumque nego: sequere. Viuens est corpus quod nutritur: tale animal: ergo. Hæc proba. Corpus est substantia tribus dimensionibus constans: Viuens tale est: ergo. Vtrumque falsum. Substantia est ens per se: quale corpus est: ergo. Et hæc quoque probari velim. Non potes amplius. Quid ens tandem est? Nescis vt antea. Quid his Syllogismis perfecisti? Non probasti hominem esse ens, quod petiueram primùm: imò per lineã tuam tum descendens, tum ascendens, vt altum illud Ens mihi appropriares, tibi maximum periculum, mihi metum peperisti, ne cadens totus comminuereris, méque si subtus comprehendisses, idem: remáq tandem ita dubiam vt antè erat, aut forte magis dereliquisti. Atqui primas solùm propositiones probare tibi semper videbaris, secundas ne attigisti quidem. Quòd si primas probasses, & ad secundas deuenissemus: in his magis turbareris. Quid igitur decipis me tuis istis verborum concatenationibus? Facilius ego. Ens significat omnia, hominem, equum, & asinum &c. ergo homo est ens: equus & asinus. Si primum neges, non probabo: nam nescirem. Proba tu mihi, si scis. Neque tu quoque. Nil igitur scimus. Redeo ad syllogismos, quorum subtilissima scientia tota corruit. Dixi iam suprà: nomina alia communissima, vt Ens, verum: Alia minus, substantia, qualitas: Alia particularia, Plato, Mithridates. Intermedia plurima, quæ nec tot vt illã, nec tam pauca vt hæc significant: corpus, viuens, animal. Hinc facile est quærenti, an homo substantia sit? sic ostendere vno verbo. Substantia significat omnia quæ per se sunt,
vnde

Facilis, veráque quæsiti probatio.

Syllogismorum sciêtia corruit.

vnde & hominem, & lapidem, & lignum: ergo homo
substantia est. At ipsi ambages quærentes, ne in contem-
ptum veniat eorum scientia, si facilis sit, difficilem &
laboriosam verborum inuolucro efficiunt: demonstrasse
se, & scientificè probasse iactantes, hominem esse substantiam, sic in Barbara, inexpugnabili castello: Omne
animal est substantia. Omnis homo est animal. Ergo
omnis homo est substantia. Verum dixisti, sed inscienter,
& obscurius quàm poterat sciens. Idem enim est ac si
diceres, substantiam significare tam viuentia, quàm
non viuentia: & viuentia significare hominem & ce-
rasum: ergo à primo ad vltimum, significare substantiam hominem. At per tot intermedios gradus confundi-
tur mens, imò subinde magis dubitat de singulis inter-
mediis. Nónne hoc illud est quod dixerat alibi idem,
,, Quod de prædicato dicitur, idem de subiecto dici? hæc
autem nominum passiones sunt: sicut & illud, Quod
,, est multis modis dicitur: si nomen hominis vnum signi-
,, ficat: principium aliud dicitur: causa autem vno modo dicitur: natura dicitur vno modo: necessarium
dicitur. Denique quidquid est in illius Methaph. reliquisque operibus, nominum definitio est. Vnde de nomine omnis quæstio ferè est: an substantia de homine dicatur, & sic de aliis. Quod cùm scire nullus certò possit,
nec rerum nec verborum scientia aliqua est. Dic, denuò
verba imponamus. Permitto. Sciemus ergo iam verbum hoc, hoc significare. Falsum: nescis quid sit verbum, nescis quid sit hoc, nescis quid sit significare: ergo
nescis verbum hoc hoc significare. Probo sequi: nam
ignoratis partibus ignoratur totum. At tu mecum par-

B   tes,

Dialectico-
rum fallacia.

Arist. in an-
tepredicam.
Arist. per to-
tam l. hysic.
& Metaphy.

Ferè omnia
quæ in Arist.
operibus con-
tinentur, no-
minũ defini-
tiones sunt.

tes, & totum: ergo nihil scimus. Quare ergo ignarum me
& te, tu idem ignarus, verborum ignorantia maxima, subtilem tamen scientiam voca, obscuráque far-
ragine, maiori ignorantia cumulas? Vt gnarus appa-
ream, dices. At contrarium euenit: dum enim falsa ri-
diculáque canis, scire te tamen multa prædicas, ego
ignarum omnino coniector, qui nescias te nihil scire.
Quòd si scias, deceptorem mendacémque, qui prodas te
multa scire. Hoc enim vnum semper maximè ab aliquo expetiui, quod modò facio, vt verè diceret an aliquid perfectè sciret: nusquam tamen inueni, præterquam
in sapienti illo, probóque viro Socrate, (licet & Pyr-
rhonij, Academici, & Sceptici vocati, cum Fauorino id
etiam assererent) qui Hoc vnum sciebat, quòd nihil
sciebat. Quo solo dicto mihi doctissimus iudicatur: quã-
quam nec adhuc omnino mihi explêrit mentem: cùm
& illud vnum, sicut alia, ignoraret. Sed vt magis as-
sereret se nil scire, illud vnum se scire dixit: qui proinde quum nihil sciret, nihil nobis scribere voluit.
Idipsum sæpè in mentem venit mihi. Quid enim dicam quod falsitatis suspectum non sit? Mihi enim humana omnia suspecta sunt, & hæc ipsa quæ scribo modò. Non tacebo tamen: saltèm hæc liberè proferam, me
nihil scire: ne tu in vanum labores veritatem inquirendo, sperans eam aliquando apertè tenere posse. Quòd
si deinceps aliquid cum reliquis exagitabo eorum quæ
in Natura sunt, hoc supposito, crede si velis, non tamen
curo: vanitas enim omnia, dicebat sapientissimus ille
Salomon, omnium doctissimus quos nobis superius memoria dedit sæculum: quod apertè demonstrant eius
opera,

Marginal notes:

Dialectici vt docti ap-
pareant, & de verb. scõ
mentantur.

Socrates do-
ctissimus.
Vide Gal.
lib. de opti-
mo docen-
gen. & Diog.
Laër. lib. 9.
& Plutar. h.
contra Co-
lotem.

Socrat. cur
nil scripse-
rit.

Omnia mi-
hi suspecta.

Salomon do-
ctissimus
omniú. quo-
rum opera
ad nos per-
uenere.

opera, inter quæ primas tenet aureus ille libellus, Eccle-
siastes, aut Concionator dictus. Sed redeamus ad scientiam. Quid mouerit Aristotelem tot tantáque de verborum contextura disserere: quid Vniuersalia illa fin-
gere: & an sine his omnibus scire aliquid possimus, ostē-
dam inferius vbi de modo sciendi. Interim ex eodem
nulla scientia est. Vide: scientia per demonstrationem
habetur. Quid hæc? Somnium Aristotelis, non dissimile
Platonis reipub. Ciceronis oratori, Horatij poëtæ. Nulla, nullibi. Depinxit quidem ille sat prolixo sermone:
at nullam vnquam dedit, nec post eum aliquis. sin minus, da tu, mitte mihi. Non habes, scio. sed nec syllogismum alium formauit vsquam, nisi cùm eos struere
docuit: túncque non ex significantibus terminis, sed ex
elementis A, B, C, idque difficulter adhuc. Quòd si significantibus vsus fuisset, nunquam peregisset opus. Ad
quid ergo deseruiunt hi? Quid in his docēdis tantum la-
borauit? Quid post eum tantum laborant adhuc reliqui?
In scribendo non vtimur his, nec ipse. Nulla his vnquam parta scientia, imò deperditæ multa, turbatáq́
sunt horum causa. In arguendo, & inter disputandum,
simplici contenti consequentia, minus adhuc illis vtimur: aliàs enim nunquam disputatio finem haberet,
sempérque de reducendo syllogismo in modum, in figuram, conuertendo, infinitisque aliis tricis certandum esset: imò & stulti quidam hodie id agunt, negantq́ quidquid in modo & figura situm non est: tanta horum est
stupiditas, scientiǽq́ huius syllogisticæ arguties. vti-
tísque, vt rebus in totum oblitis, ad vmbras se con-
uertant. Vnde subit mirari acutum aliàs Auerroim;

De modo
sciēdi librū
expecta.

Ex Arist. nil
scitur.

Demō: stra-
tio somnū
Arist.

Demonstra-
tio nulla da-
ri potest.

Syllogismis
nulla acqui-
sita scientia,
multæ verò
turbatæ.

Stultitia eo-
rum qui ea
quæ nō sunt
in modo &
figura argu-
mēta negāt.

postq́ eum plurimos, qua Aristot. laxo dixit sermone,
inutili, tantóque labore in syllogismos reducere cona-
tum, eósq́ infallibiles, certissimos & demonstratiuos esse
vbique ostendere voluisse, cùm nihil minus sit, vt posteà ostenderemus. Contra verò non mirum est Augusti-
num Christianæ Ecclesiæ splendissimam facem omnes
alias scientias suo marte sine præceptore didicisse, præter hanc syllogisticam. Aliæ enim in rebus fundantur,
hæc verò figmentum subtile est, nulliúsque vsus, imò
plurimi nocumenti: vt quæ homines à rerum contem-
platione reuocet, in séque detineat, quod melius in discursu operum nostrorum videbis. Hoc verò multùm
differt ab eo quod isti dicunt, modum scilicet sciendi
esse, principiúmque sine quo scientia non sit. Qui verum quidem, sed inscienter dicunt. Eorum enim scientia hæc est, nil aliud sciunt quàm syllogismũ ex nihilo
struere, scilicet ex A, B, C: si autem ex aliquo instruẽ-
dus esset, obmutescerent, vt qui nec minimam intelli-
gant propositionem. sed iterum ad nos. Quid ergo? qui
docet domum struere, ipse nec struxit vnquam, nec scit,
nec eius discipuli? cur credam sic struendam? Quòd si
nulla demonstratio, nulla ergo scientia. Quin & illud
falsum, Demonstratio habitum scientificum parit. Nam
ab ignaro, apto tamen scire, scientia prodit, solùm ostẽ-
dente demonstratione rem sciendam: hoc enim vel
verbum ipsum demonstrationis ostendit. Quinimo nec
minimam vnquam rem, aut propositionem intellexi
ego ab Aristot. aliísque: sed illorum dictis commotus
ad quamlibet rem contemplandam me accinxi, illo-
rúmque contradictionibus & difficultatibus perspectis,

ne

ne ego iisdem inuoluerer, iis dimißis ad res confugi, inde
iudicium petiturus: idque mihi fuit Aristot. quod Ti-
motheum reliquis cantoribus fuisse idem Aristot. ait:
quòd scilicet nisi talis extitisset Aristot. Plato, & alij,
forsan non ego talis extitissem. Vnde quàm stulti sint
qui ab authoribus totam, solámque scientiam quærunt
nil in rebus considerantes, facilè est videre. Non ergo
qui mihi rem aliquam videndam digito indicarit, visionem in me parit, sed potentiam visiuam excitat, vt
in actum reducatur. Vnde & illud mihi stultum admodum videtur quod quidam astruunt, Demonstrationé
ex æternis & inuiolabilibus necessariò concludere & co-
gere: cùm forsan talia nulla sint, aut si quæ sint, nobis
omnino incognita vt talia sunt, qui tum maximè cor-
ruptibiles, paruóque admodum tempore violabiles
multum simus. Quare contrà vera scientia, si quæ
esset, libera esset, & à libera mente: quæ si ex se non percipiat rem ipsam, nullis coacta Demonstrationibus percipiet. Cogunt hæ proinde ignaros, quibus sola fides sufficit. Cur igitur ex Aristot. plures hinc inde ignare colli-
gis propositiones, ex quibus tandem syllogismum Bar-
barum construis, qui nec earum vnam intelligas? Con-
sulerem tibi melius, mitte Philosophiam, ad eam enim
omnino ineptus es: at optimus fores architectus, aut su-
tor, aut si velis cerdo, qui ligna, lapides, pannos, & co-
ria in figuram, non Barbaram vt tu, sed politam componunt, non quærentes quid lignum, lapis, pannus, aut
corium sit, sed quomodo ex his domum, vestem, aut
calceos Cæsari effingant, quemadmodum tu Cæsarea
vtens potestate labirynthum struis, quo & te & miseros

B 3   tibi

(marginal notes:)

Met. isp. 1.

Ineptè agút qui solùm ab autoribus scie. tiã petunt.

Stultum est asserere De. monstratione ex æternis necessariò conclu- dere.

Vera scietia li era est, & à libera mé- te.

Syllogistici recentiores meliùs cer- dones es. et.

Syllogysm° in Cæsare & aliis, labi- rynthus.

tibi similes illaquees, quibus deest rationis filum. sed nec tu aliquid scis: alios tamen docere prædicas: Nec ego, tibi tamen illud persuadere conor. Vnde cùm tu illa nescias, nec hoc poteris percipere: Nec ego, cùm omnia nesciam, tibi hoc demõstrare. Igitur nil scimus. Id adhuc ostendo. Insequor definitionem scientiæ. Habitum ex-plicant multorum conclusionum congeriem. Mirum quomodo res omnino dimittentes semper ad figmenta sua reuertantur, similes catæ Aesopicæ in virginem mu-tatæ, quæ tamen post mutatam formam etiamnum mures insectabatur. Verum quidem his scientia talis est: nil enim aliud sciunt præter multas conclusiones, res nullas. Quis unquam visionem per specierũ congeriem definiuit? scientia autem nil aliud est, quàm interna vi-sio. Quòd si scientia conclusionum congeries est, liber hic scientiam multam habet. Proteruus es: dices. fortasse ha-bere scientiam scriptam, iuxta illud, quod alius est ter-minus vocalis, alius scriptus, alius mentalis. Non intel-ligo. Concedo tamen. Quid sequitur? Nec te, nec me ali-quid scire. Probat id Aesopus, qui inter Grammaticum & Rhetorem conseruos venalis positus, vltimus inter-rogatus quid sciret, respondit, Nihil. Quomodo hoc? Quia inquit, Grammaticus & Rhetor nil mihi sciendum re-liquerunt: (hi enim anteà interrogati quid scirent, re-sponderant, omnia) sic nunc liber hic multa scit per te, alius item plura, & omnes alij similiter: ergo nil nobis relinquitur sciendum. Pergo. si dixissent, plurium re-rum congeriem in mente, fortasse melius: non tamen omnino verum. Vnius enim rei solùm scientia esse po-test. Imò vnius cuiusque rei per se solùm est scientia,

nec

Marginal notes (left column):

Pessimè ha-bitũ multa-rum conclu-sionũ conge-riem Logici dicunt.

Logici nil sciũt præter multas con-clusiones.

Scientia est interna vi-sio.

Vniuscuiuſ-que rei per se scientia eſt.

nec plurium simul: quemadmodum & unius solùm
cuiusque obiecti uisio una: nec enim duo simul licet
perfectè respicere, sic nec duo simul perfectè intelligere,
sed aliud post aliud. Vnde & illud, Pluribus intentus
minor est ad singula sensus. Quemadmodum autem
omnes homines specie, aut melius, nomine sunt unus
homo, sic uisio una dicitur, etiamsi plurium rerum sit,
& plures numero uisiones: sic Philosophia una scientia dicitur, etiamsi plurium rerum contemplatio, quarum cuilibet propria contemplatio, & scientia cuiuslibet
post contemplationem una est. * Nec id etiam uerum
est, multarum rerum cumulum in mente scientiam esse:
quod quidam ineptè cogitant, eos doctos proferentes qui
plura uiderint, audierint, recitaréque subinde possint,
tum in eadem scientia, tum in diuersis. Quum potius
qui omnia amplecti uult, omnia perdit. sufficit enim
* una scientia toti orbi, nec tamen totus hic ei sufficit.
Mihi uel minima mundi res totius uita contemplationi sit supérque est, nec tamen tandem eam spero me
nosse posse. Quomodo igitur tot scire unus homo ualeat?
Imò, crede mihi, multi sunt uocati, pauci uerò electi.
in te ipso experire, rem aliquam contemplare, uermem
si uelis, eius animam: Nil captare possis. * Fateor quidem hæc in mente necessariò esse debere, ut quis ea sciat:
non tamen id scientia est, sed memoria: quemadmodum
nec congeries specierum in oculo uisio est, (si ita uisio
fiat) quamuis hæc sine illis fieri non possit. Videmus
namque eos qui aliquid fixè imaginantur, quicquid se
sensibus offerat, nil tamen sentire, quamuis tunc & oculis & auribus spectra imprimantur. Hac eadem ratione

illi

Quomodo
Philosophia
una scientia
dicatur.

* Scientia nõ
est multarũ
rerũ cumul.
in mente.
Nõ qui plu-
ra memoria
tenet doct.
est, sed qui
intelligit.

* Vna scientia
toti sufficit
orbi, totus
hic non illi
satis.
Omnia inco̅
prehensibi-
lia dicebant
Academici,
Pyrrhonici,
Xenopha-
nes, vide
Laërt. lib 9.
Plutarch. in
Lucullo. &
contra Co-
loten.

* Quæ sciri
debent, in
mente esse
debent per
speciem sal-
tem.

Visio nõ est
congeries
specierum
in oculo.

illi omnia in omnibus esse asserebant. Quomodo enim, dicunt, cognoscemus ea quæ extra nos sunt? ergo in nobis omnia erant, euoluendo tamen inuenimus, & hoc scire. At falluntur nimium. Primò quòd asserant in nobis asinum esse, (forsan in illis est) leonem, & reliqua. Quî enim id fieri potest, vt ego sim in leone, & leo in me? Chymeram fingis. Atque ô vtinam probarent nos aliquid scire: tunc enim concederemus illis consequentiam: scilicet, Nil sciri potest quin sit in nobis. Omnia sciuntur. ergo omnia sunt in nobis. Nunc autem maior dubia est: falsa minor. Quomodo ergo concludes? Deinde malè arguunt, si sufficere putant, vt sciamus, ea quæ sciuntur in nobis esse. Quamuis enim id forsan conduceret, si fieri posset, non tamen inde colligitur in nobis omnia esse, imò contrarium: cùm sanè in nobis corpus, anima, intellectus, facultates, imagines, pluráque alia sint, quæ tamen neutiquam perfectè cognoscimus: sed hanc quæstionem, an scilicet omnia in nobis sint, in libris Naturæ ex professo tractabimus: nunc sufficiat tetigisse quæ ad propositam tractationem conducunt. Non igitur in nobis existentes vel res, vel rerum imagines scientiam efficiunt, aut scientia sunt: sed memoria ab his impletur, quas inde mens contemplatur. Hinc etiam iam illud efficio, pessimè scientiam habitum vocari. Hîc enim qualitas est difficulter mobilis: scientia qualitas non est: nisi visionem qualitatem dicere velis: potius mentis actio simplex, quæ vel primo intuitu perfecta esse potest, nec amplius manet quàm à mente fit: quemadmodum nec visio. Cuius contemplationis cognitionisque, quæ à mente fit, imago memoriæ mandata

in

Falsa opinio, Omnia in omnib°, vnde originem duxit.

Confutatio ejusdem.

Non sufficit ad sciendum vt scienda in nobis sint

Plura in nobis sunt quæ non cognoscimus.

Malè scientia habitus dicitur.

Scientia mentis actio simplex.

in ea retinetur: quæ si bene fixa sit, habitus dicetur: sin minus, dispositio. Hæc verò memoriæ tunc propria erunt, non scientiæ. si retulerit posteà, memorari dicetur scita, non scire: nisi cùm illa contemplatur: quemadmodum qui visa recitat, non videt. Multa tamen scire dicitur, qui sic scita memoria tenet, quòd ea omnia & sciuerit anteà, & scire possit cùm volet: nã vel minimo ictu ea respiciendo intelligit: quia iam anteà intellexit. Vnde liquet habitum plurium rerum in memoria non dici scientiam, nisi eadem anteà ab intellectu fuerint cognitæ. sed & alius scire nostrum (mirum) nil aliud esse quàm recordari dicebat: Animam scilicet nostram ante nos omnia scire, in nobis omnia obliuisci, dum in corpus mergitur, paulóque pòst quasi ab occasu expergefactam reminisci. Sed parat aliàs doctissimus vir, leue admodum figmentum, hoc est, nec experientia, nec ratione confirmatum: sicuti & plurima alia quæ de anima somniauit, vt in tractatu de Anima ostendemus. Hunc autem errorem Aristot. sæpe confutauit. Cuius rationibus relictis, vt quæ à quolibet legi in eo possunt, nos quod ad rem nostram attinet eundem examinemus. Si dixisset ille se, vidisse animam suam antequam immergeretur in corpus suum omnia scientem, forsan credidissem: túncque non homo, sed larua, aut phantasma esset: Sanè quæ ante me fuerint nescio: quod video vix credo: quomodo ergo somnia tua credam? Dic, Aut antequam anima ingrederetur corpus, sciebat, aut non. Non dices hoc. Tunc, Aut scientia illa animæ recordatio solùm erat, aut non. si erat: ergo ab alia anima quæ in ea erat, quæ antequam in ea esset sciebat

C   omnia.

Memoriæ mandata habitum efficiunt, si fixæ hæreant.

Quomodo quis multa narrâs, multa scire dicatur.

Plato in Menone, Scire nostrum recordari esse dicebat.

1. Posterio. & in Metaphysicis, & lib. de Anima.

Confutatio sententiæ Plato. de scientia.

omnia. Et de hac iterum , scire suum recordariné est?
In infinitum te duco. si non per aliam recordatur ani-
mam , sed per scipsam. ergo oblita fuerat anteà. Quare?
Et si oblita fuerat, antequam hoc accideret, an scire suũ
recordari adhuc erat? Iterum in infinitum. Si scire ani-
mæ non erat recordari, eadem immersa in corpus an
amittit scire illud? si non amittit, ergo scit vt anteà. At
anteà per te scire suum non erat recordari. Quòd si per
immersionem in corpus , vt dicis , quasi noui domicilij
commercio attonita per tempus maneat sui immemor,
recordabitur quidem posteà eorum quæ oblita fuerat,
non tamen sciet denuo : quemadmodum & nos eorum
quæ anteà sciebamus obliti, tandem recordamur : non
tamen hæc recordatio scire est. Si verò amittit, non po-
steà recordabitur. Eorum enim recordamur quæ in me-
moria quidem aut imaginatione adhuc sunt, non tamẽ
cogitationi sese offerunt: vnde occasione aliqua excita-
ta aut similis rei, aut alterius per consequentias in phan-
tasiam exeunt, cum recordatione tamen, quòd anteà
ibidem essent. Quòd si omnino erasa fuissent, non recor-
datio esset, sed noua impressio: quemadmodum iis acci-
dit, qui ob morbum vel nominis proprij obliuionem in-
currunt perfectam: quos posteà si discere contingat , non
dices recordari: omnimoda enim contrà obliuione tene-
ri velipsum vulgus dicit, subindéque denuo ac si pue-
ri essent instruendos: ipsíq̃ negant se vnquam anteà
illa quæ docentur sciuisse. Non igitur scire recordari est.
Præthereà quoties recordamur, dicimus , hoc sanè anteà
oblitus fueram, memini enim nunc sic , aut sic actum
fuisse. Quòd si id animæ contingeret vt recordaretur

solùm,

Vide Galé.
lib. de diffe.
symptoma.
& 2. de causs.
symptoma.
ex Thuci-
didis testi-
monio. &
Plini. lib. 7.
c. 24 & Va-
lerii.

solùm, diceret etiam puer cùm doceretur, & ego hac sciebam antea, nunc memini. Quis autem hoc dicit? Item si anima antequam in corpus demersa esset sciebat, postea eadem sciet, non homo. Dicere autem animam scire an non ineptum? Deni que rem dilucidiorem efficiamus, de nomine enim quaestio est. Aut scire & recordari idem significant, aut non. Idem non. Cur enim uno pro alio indifferenter non utimur? Quin & canes etiam recordari non dubito: unum enim non dudum percussi de industria, qui quoties postea me videt adlatrat mihi, ictuum sanè memor. At canes scire quis dicet? Forsan non vis recordari canes propter Aristot. At de hoc postea. Recordantur saltem foemina & pueri, nihil tamen sciunt: Imò recordamur quidem omnes, nil tamen scimus. Quòd si idem non significant, cur pro eodem sumpsit? si aliquod eorum superius est ad aliud, cur non aliquam adiecit differentiam, qua illud restringeret? Homo enim animal est, sed non solùm, quia etiam equus: quare huic quadrupes addimus, illi biges. Non igitur significant idem: ergo diuersae res sunt scire & memorari. De hoc nil nunc. ad aliud. Quid adhuc scire est? Rem per causas cognoscere, aiunt. Nec adhuc omnino bene: obscura definitio. sequitur enim statim quaestio de Causis difficilior prima. An omnes causas oportet cognoscere ad cognoscendam rem? Efficientem minimè: quid enim ad mei cognitionem confert pater meus? Quid etiam finis? Deinde, si causatum perfectè cognoscere velis, & causas etiam perfectè cognoscas oportet. Quid sequitur? nil sciri, si efficientis, & finalis causa perfectam cognitionem habere velis. Ostendo. Ad cognitionem mei perfectam

Marginal notes:

Inepti dicere animã scire.

Lib. de Memor. & reminisc.

Arist. 1. Posterio 1. Physico 2. Metaph. & passim alibi: & post cum omnes. Huius definitionis impugnatio.

C 2 patrem

patrem meum perfectè cognoscere oportet: ad hunc co-
gnoscendum patrem eius anteà cognoscas necesse est:post
hanc alium, & in infinitum. De aliis rebus item. De finali idem. Dices te non considerare particularia, quæ
sub scientiam non cadunt, sed vniuersalia, hominem,
equum &c. Verum quidem, & id anteà dicebam: sciētia tua non est de vero homine, sed de eo, quem tu tibi
fingis: proinde nil scis. Esto, considera tuum illum fictum
hominem: non illum scies, nisi eius causas cognoueris. An
non efficientem habet? non negabis. Hanc iterum si scire
velis, eius efficientem cogita. Non finem facies, nec proinde scies quid tuus ille homo sit: nec quid verius esset
sciebas: ergo nil scis. Forsan recurres ad Deum opt. max.
primam omnium causam, omniúmque finem vlti-
mum: ibíque standum dices, nec in infinitum eundum.
De hoc posteà: sed nunc volo. Quid inde? Nil scis. Fugis
infinitum, & incidis in infinitum, immensum, incom-
prehensibile, indicibile, inintelligibile. An hîc sciri potest?
Minimè. At omnium causa est per te. Ergo ad effectuum
cognitionem eius cognitio necessaria est ex definitione
tua. Ergo nil scis. Si efficientem, & finalem ad rei cognitionem non arbitraris necessarias, cur non distinxisti in
definitione tua? ego enim omnes intelligebam cùm absolutè protulisti, Rem per causas cognoscere. Sed & alibi
Arist.l.Me-
taph.3. ille omnes comprehēdit & numerat, efficientem, materialem, formalem, & finalem, cùm dixerit, tunc rem
nos cognoscere putare, cùm eius primam causam tene-
mus. At do tibi (quamuis dari nec debeat, nec licitè
possit) efficientem & finalem non necessarias esse. super-
sunt duæ, materialis, & formalis, quas credo intelligis

cogno

cognoscendas esse. sed istud minus. Si formam scire velis. per causas ipsius scias oportet, ex definitione tua. Non per efficientem & finalem, vt anteà. Ergo per materialem & formalem. At non habet. Non igitur scies. Quòd si hanc non scias, nec id cuius forma est scies : ignoratu enim partibus, ignoratur totum. De materia idem dicam, quæ adhuc simplicior est, minùsque Ens, & cuius forsan nulla est causa, saltem efficiens, materialis, & formalis secundum Aristot.. De finali enim dubitari possit. Quid dicis? sufficit quæcumque causarum cognitio ad rei scientiam habendam, licet non sit perfecta. Fabulæ sunt. Impossibile est totum perfectè cognoscere, quin partes perfectè cognoscas. Quòd si id etiã dederim: quæro an forma & materiæ scientia haberi possit? Concedes, vt qui omnia scire te profitearis. Iterum, an per causas? si non: ergo definitio tua nulla. si sic: de illis causis repeto an sciri possint? Non minùs quàm illa, imò magis: simpliciora enim per te notiora natura sunt, proindéque ex se scibilia magis. An per causas? In infinitum. Nulla ergo definitio. Imò & nil scis ex iisdem rationibus. At-

,, que obiecit ille quidem aliàs hoc ipsum sibi, Si scientia
,, verè solùm illa est, quæ per demonstrationem habetur,
,, principia autem prima demonstrari non possunt, non ho-
,, rum erit scientia, nulláque proinde scientia erit. sed non satisfecit, dicens, non omnem scientiam esse demonstratiuam, sed eorum quæ mediis vacant indemonstrabilem esse. Nam inde sequitur non simpliciter prolatum illud, Scire est rem per causas cognoscere, verum esse: & illud, Scientia est habitus acquisitus per demonstrationem: si aliqua est quæ per demonstrationem non habe-

In Physic. & Metaph.

1. Physic.

Arist 1. Posteri.

Aristot. non satisfacit suæ obiectioni.

1. Physicor. c.1.

tur. Melius autem dixerat alibi, excusarique poterat, si semper eodem modo loquutus fuisset, perfectéque aliquando scientiam explicuisset. Nunc autem cùm ubique vagus, confusus, & inconstans sit, excusationi locum

» praecludit. Dixerat porrò, Rerum quarum sunt principia,
» causae, & elementa, scientiam ab horum cognitione pen-
» dere. Quod ridiculum est quomodo exponant eius se-

Ridicula ex positio Dialecticorum.

quaces. ad verba enim & syllogismos res deflectentes (antiquo obsopiti errore in eóque putrescentes) principia interpretantur, scientiae cuiúsque primas, notásque, & suppositas propositiones: quas ipsi etiam principia & dignitates vocant: causas explicant medias propositiones, quae inter illa fiunt & rem probandam: elementa verò, subiectum, praedicatum, copulam, medium, maiorem extremitatem, minorémque. An non subtile commentum hoc est? an potiùs delirium? sic eorum princeps fallitur modicùm. Illi non cum percipientes nec sequentes, adhuc magis: quousque tandem in tot vanitates prolabuntur, sensim à veritate deficiendo. sed ad illum redeamus. Non excusari potest. superiùs dicebat

Primorum principiorū scientia nõ differt à sciētia aliarum rerum.

primorum principiorum scientiam esse, sed indemonstrabilem. Alibi primorum principiorum cognitionem intellectum, non scientiam vocat: malè tamen. Horum

Scientia nõ differt ab intellectu, aut intellectione.

enim, sicut & aliorum, si haberetur, perfecta scientia esset. Nunc autem cùm horum non habeatur, nec eorum etiam habetur quorum haec principia sunt. Vnde sequi-

Sciētia vna est, non duplex. Duplex tamen sciendi modus.

tur nihil sciri. Deinde quid scientia aliud est, quàm intellectus rei? tunc enim scire aliquid dicimus, cum id intelligimus. Sed nec verum est duplicem esse scientiam: vna enim & simplex esset, si qua esset, sicut & vna

visio,

visio. duplex tamen habendi modus : vnus simplex,
cùm simplicem rem cognosceremus , vt materiam , for-
mam,& spiritum, si velis:alius compositus, vt ita di-
cam,cùm compositam rem,quam prius explicare opor-
teret,& singulas partes cognoscere, tum demùm totum.
Vltimum autem hunc modum semper præcedit primus:
non tamen hunc semper sequitur ille. In his autem om-
nibus Demonstratio nil deseruit aliud , quàm forsan
ostendere rem sciendam. Sed iam satis:plura enim di-
ximus,quàm nihil scienti conuenire videbatur. At non
præter rationem dicta hæc sunt. Huc-vsque enim alio-
rum'ignorantiam,iuxta scientiæ definitionem, cognitio-
némque subinde ostendi : nunc meam proferam, ne so-
lus ego scire aliquid videar. Ex quo videre poteris
quàm inscientes scimus. Quæ enim hucusque à pluribus
recepta fuére, mihi falsa videntur , vt iam ostendi:
quæ deinceps dicam, vera. Forsan contrarium iudi-
cabis tu,& fortassis verum erit hoc:vnde sequitur con-
firmatio propositi,Nil sciri.Iam igitur quid scire sit vi-
deamus,vt inde an aliquid sciatur magis manifestum
euadat. SCIENTIA EST REI PER-
FECTA COGNITIO. Ecce facilem,veram
tamen nominis explicationem.si quæras genus & dif-
ferentiam,non dabo:verba enim hæc sunt definito ma-
gis obscura. Quid cognitio?Sanè nescirem explicare ali-
ter:& si aliter hanc definirem, de hac iterum definitio-
ne idem quærere posses, & eius partibus. Sic nunquam
finis,perpetua nominum dubitatio.Qua ratione scientia
nostra tum infinita,tum omnino dubiæ sunt:conantibus
nobis rerum Naturas demonstrare verbis, rursus hæc
aliis:

Sciētiæ de-
finitio no-
stra.

Perpetua
nominum
dubitatio.

aliis:quod tum difficile,tum impoßibile eſt. Nil ſcimus. Alicubi ſtandum dicis in quæſtionibus. Verùm, quia aliud non poſſumus. Sed neſcio quid ſit cognitio, defini mihi. Dicerem rei comprehenſionem,perſpectionem, intellectionem, & ſi quid aliud eſt, quod idem ſignificet. Si de hoc adhuc dubites, tacebo:ſed petam à te aliud.ſi dederis,de tuo dubitabo:ſicq̃ perpetua laboramus ignorantia. Quid ſupereſt? Extremum remedium: tu tibi ipſe cogita. Cogitaſti, mentéque forſan cognitionem apprehendiſti: ſed nil minus. Ego etiam mihi comprehendiſſe videor. Quid inde? Dum de cognitione poſteà tecum loquor,qualem comprehēdi, talem ſuppono:tu contrà qualem tu. Hoc ego aſſero eam eſſe:tu contrà illud. Quis componet litem? qui nouit quid ipſa verè ſit. Quis ille eſt? Nullus. Quiſque ſibi doctiſſimus videtur: mihi omnes ignari. Forſan ſolus ego ignarus ſam: ſed id ſaltem ſcire vellem:non poſſum. Quid igitur dicam deinceps quod ignorantiæ ſuſpitione vacet? Nihil. Cur ergo ſcribo? Quid ego ſcio.Cum ſtultis ſtultus eris:homo ſum: quid faciam?perinde eſt.Reuertor.Nihil ſcimus.Suppone nominis (ſcientia) explicationem à me traditam, vt oratio procedat: hincq̃ colligamus nihil ſciri:ſupponere enim non eſt ſcire, ſed fingere:quare ex ſuppoſitis fictiones prodibunt,non ſcientia.Vide quô nos duxerit oratio iam, Omnis ſcientia fictio eſt.Patet:ſcientia per demonſtrationem habetur. Hæc definitionem ſupponit: non poſſunt enim probari definitiones,ſed debent credi: ergo demonſtratio ex ſuppoſitis ſcientiam ſuppoſititiam producet,non firmam & certam. Hæc omnia ex te concludunt. Deinde, in omni ſcientia per te ſupponenda

prin-

Cognitio quid.

Occaſio diſſentionum in opinionibus.

Omnes ignari ſumus.

Omnis ſcientia fictio.

principia sunt, nec de his disputare illi conuenit. ergo quæ sequuntur ex his suppposita erunt, non scita. Quid miserius? vt sciamus, ignorare oportet. Quid enim supponere aliud est, quàm quæ nescimus admittere? Nonné melius esset principia priùs scire? Nego tibi artis tuæ principia: proba. Non est arguendum contra negantes principia, inquis. Nescis probare. Ignarus es, non sciens. At expectat ad superiorem seu communem scientiam aliarum probare principia. Ille igitur forsan omnia sciet qui cõmunem hanc scientiam habet: tu nihil. Qui enim ignorat principia, ignorat & rem. sed quid communis illa scientia est? Mirum quomodo sibi officia partiantur artifices isti, limitibus se separant, quemadmodum stultum vulgus sibi tellurem adaptat partitúrque. Quin potiùs imperium scientiarum struxêre: quarum regina supremúsque iudex scientia communis est: ad quam suprema deferuntur lites. hæc leges cæterisdat, quas ratas accipere oportet: nec aliarum alicui in huius messem manum immittere licet impunè, nec inter se sibi. sic tota vita litigant de subiecto scientiæ cuiusque, nec est qui hanc litem (potiùs ignorantiam) dirimat. Hinc si quis de astris in Physica agat, aut in quantùm Physicus, aut in quantùm Astrologus, inquiunt, hoc facit: & alius, hoc ab Arithmetico mutuatur. sed & alius à Mathematico furatur illud. Quid hoc? An non puerorum fabulæ? hi enim in communi loco, platea, foro, vel campo, hortos struunt, tegulis cancellant, & quisque alteri sui hortuli aditum interdicit. Video quid hoc. cùm omnia quisque amplecti non posset: hic sibi partem hanc elegit, ille aliam discerpsit. Hinc nihil scitur. Cùm enim

Supponere est quæ ignoramus admittere.

Ignarorum excusatio.

Qui ignorat principia ignorat & rem.

Scientiarũ imperium.

Scientia cõmunis Regina.

Vana contentio Dialecticorum.

Dialectici pueris similes.

Causa diuisionis sciẽtiarum.

D omnia

Omnia in vnius orbis compositio nem cõspi rant.

Ignorata vna re, igno rantur & re li qua.

Verum scire, primùm naturã rei nosse, deinde accidẽtia

Demõstratio syllogismus scientificus nõ est. 6. Metaph.

Nil sciunt qui demõ strationib⁹ fidunt.

Res forsan infinitæ.

omnia quæ hoc in orbe sunt, in vnius compositionem conspirent: nec hæc sine illis stare possunt, nec hæc cum illis conseruari: quódque priuatum gerit munus, diuersúmque ab alio: omnia tamẽ ad vnum conferunt: hæc causant illa, hæc ab illis fiunt. Indicibilis omnium concatenatio. Nil ergo mirum si ignorato vno, ignorantur & reliqua. Cuius causa sit, vt qui de astris agit, eorum motus & causas motuum considerans, quid astrum sit, quid motus à Physico accipiat quasi probatum: deinde motus solùm contempletur varietatem multitudinémque. De reliquis eodem modo. At hoc scire non est. Verum enim scire est, rei naturam primùm cognosse, secundo loco accidentia, vbi accidentia res habet. Ex quo sequitur demonstrationem syllogismum scientificum non esse, imò nihil esse, vt quæ solùm accidẽis inesse demonstret secundum te, (mihi enim tantùm abest vt aliquid demonstret, vt potiùs abscondat, nihilque aliud agat quàm turbare ingenium) rei verò definitionem supponat. Nihil ergo sciunt quicumque demonstrationibus fidunt, ab eísque scientiam expectant: qui etiam has damnant, nihil per te: & vt modò probabo. Ergo nil scimus omnes. In scientia igitur, si definitionem admittas meam, tria sunt, res scienda, cognitio, & perfectum: quorum quodlibet sigillatim nobis expendendum erit, vt inde colligamus nihil sciri. Res primùm quot sunt? forsan infinitæ, non solùm in indiuiduis, sed in speciebus. Negabis infinitas. At non probabis finitas: nec enim vel minimam earum partem numerare potuisti: ego vix hominem, & equum, & canem noui. Ergo de hoc iam nil scimus. Nam nec tu finem omnium rerum vidisti,

finitas

finitas tamen afferis: nec ego earum infinitatem vidi:
infinitas tamen effe coniector. Quid certius? videris tu:
mihi nihil. fed quid infinitas ad rei vnius cognitionem,
dices, impedire poteft? Multùm per te: principia enim
cognofcere oportet ad cognofcendam rem: forfan materiam & formam: at in infinito infinitæ materiæ forfan funt diftinctæ fpecie: (quanquam tu materiem
fpecie ab aliquo diftingui nolis, vt qui eam omni forma
priues:de quo pofteà) De formis nullum dubium: at
de infinito nulla fcientia. fed dices, infinitarum etiam
rerum eadem materia effe poteft. Verum quidem: fed
etiam poteft non eadem effe, proindéque multiplex.
Aliæ enim res forfan funt à noftris omnino diuerfa,
quas nullus noftrum nouit. Quod verò poteft & effe
& non effe, dubium eft quod eorum fit. Scientia autem de eo quod eft, quódque aliter effe non poteft, per te
eft. Nec neceffe eft infinitas effe res vt diuerfa fit mate-
ria:nam & tibi qui finitas credis nondum conftat, nec
conftabit vnquam (poffum tamen falli) an materia
cæli eadem fit quæ horum inferiorum. Quin & an non
fpiritibus propria eft materia, quamuis fimplices dican-
tur? fané. Afferis tu plura effe eorum genera, pluréfque
fubinde differentias. Ergo conueniunt aliquo communi:
id per te materia eft: differùntque alio:id forma. Accidentia verò nonné & illa habent materiam propriam?
Tu vocas genus eorum materiam: differentiam verò
formam. An aftrorum eadem quæ cæli materia? non
fcis:videtur quòd non. Ergo & principia quæ, quótque
fint ignoratur, quamuis finitæ fint res. Nec ftabitur vnquam in principiis: fed hominis principia funt elementa:

D 2   horum,

Infinitas rei
vnius cogni
tionem im-
pedit.

Infinitarũ
rerum eadẽ
poteft effe
materia: &
poteft effe
multiplex.

An cœli ma
teria eadem
fit quæ ho-
rũ inferio-
rum non
conftat.

Spiritibus
fua eft ma-
teria.
Accidentia
fuam habẽt
materiam.

Nõ eadem
aftrorũ &
cœli mate-
ria.licet ali-
ter Scaliger.

horū, materia hæc & forma hæc: huius materiæ & huius
forma alia simpliciora: leonis, asini, ursi itidem: sic in

Formæ in
infinito sūt
infinitæ.

infinitum. Atque de formis nil dubium, quòd in infinito
erunt infinitæ. At principia præcognoscere oportet. Dices
elementa non esse principia, de quo posteà. Imò nulla
erunt principia. Infiniti enim principium nullum est.

Etsi finitæ
sint res, nil
tamen sci-
mus.

sed sint finitæ res: nil scies magis. Nec enim primum
nosti principium omnium necessarißimum: quare nec &

Rerum di-
uisio vni-
uersalis.

reliqua, quæ ab eo deriuantur. Nil ergo scimus. Deinde
in rebus aliæ à se, ex se, in se, per se, & propter se tantùm sunt, (liceat nobis ita loqui) qualem dicunt primam causam Philosophi, nostri Deum: aliæ omnes ab
hoc, non à se, non ex se, non in se, non per se, non sibi
solis, nec propter se: sed aliæ ab aliis, ex aliis aliæ, aliæ
in aliis, aliæ propter alias. At vtrasque res cognoscere

Deum ne-
mo nouit.

oportet. Deum autem quis perfectè nouit? Non videbit

Exod. 33.

me homo & viuet. Proinde solùm licuit Moysi videre eum per posteriora, id est, per opera sua. Vnde ille,

Paul. Rom.
1.

inuisibilia Dei per ea quæ facta sunt intellecta conspi-
ciuntur. Tum & illud nosse oportet, scilicet quæ res quas

Omniū re-
rum conca-
tenatio.

causent, & quomodo, vt sciamus quid perfectè. Talis
autem concatenatio in rebus omnibus est vt nulla ocio-
sa sit, quin alteri obsit aut prosit: quinimò & eadem

Omnia co-
gnoscere
oportet ad
vnius per-
fectam co-
gnitionem.

pluribus & nocere, & iuuare plures nata est. Ergo
omnia cognoscere oportet ad vnius perfectam cognitionem: illud autem quis potest? Nusquam vidi.

Scientiæ si-
bi fauent.

Et ob hanc eandem rationem scientiæ aliæ aliis fauent,
& vna ad alterius cognitionem confert. Imò, quod ma-

Vna sciētia
sine aliis per-
fectè sciri
nequis.

gis est, vna sine aliis sciri perfectè nō potest: proindéque
coguntur aliæ ab aliis mutari. Earum namque subie-
cta sic etiam se habent, vt vnum ab alio mutuò de-

pendeat,& aliud etiam mutuò aliud efficiat.Vnde sequitur rurſus ni! ſciri.Quis enim omnes nouit ſcientias?
Subiiciam breue aliquod exemplum, ne hæc improbata
maneant.De homine ſufficiet. Hic baſiliſcum odit : fertur enim eum hominis ſaliua ieiuni interfici: baſiliſcus
hominem & muſtellam,quæ eum ſola dicitur perimere:
muſtella baſiliſcum & murem : mus muſtellam &
catum: catus murem & canem : canis catum & lepo-
rem : lepus canem & viuerram. Atque ſatis hæc ſint
de antipathia. Homo item non quocunque veſcitur
cibo,delectatúrque: ſed boue, ariete &c.Hæc non quocunque oblato, ſed feno, auena, palea:hæc iterum non
quacumque terra, ſed hac vel illa : hæc rurſus terra non omnia producit,ſed hæc vel illa:ad quod plurimùm confert hoc vel illud cœlum.Hæc de ſympathia.
Quomodo hæc omnia fiunt? Cuiuſlibet horum naturam
oportet noſſe priùs quàm hominem probè noſcas. Homo
item quia nutritur, creſcit, viuit,generat, corrumpitur,
ratiocinatur, ſtatim quærendum eſt de anima,& eius
facultatibus. Huius ratione,de plantis,qua anima vi-
uant : de animalibus : de inanimatis , Contrariorum
enim eadem eſt ſcientia.Generatio autem eſt corruptio à
quo fiunt?à qualitatibus contrariis.Statim de his,de elementis, de ſuperioribus corporibus : nam Sol & homo
generant hominem : de introductione animæ, de introductione formarum , de actione & paßione ,de qualitate , de quantitate, de ſitu, de relatione :quia ſedet,
quia generat,quia caleſcit. Illud rurſus quia in quiete
fit:iſtud in inſtanti:hoc in tempore:vidēdum quid tem-
pus.ſtatim de cælis & eorum motibus : tempus enim eſt,

Exemplum
cōnexionis
rerum.
Exēpla an-
tipathiæ.

Exempla
ſympathi.e.

Male Arist.
4 Phyſ Tē-
pus definit,
numerum
motus &c.

ait ille, (licet malè, vt ſuo loco videbimus) numeru
motus ſecundum prius & poſterius. Quia mouetur motu recto & deorſum: illico quid ſurſum, deorſum: de
centro mūdi, de polis, partibus eius. Quia videt,& hoc
media luce: ſtatim de coloribus, de ſpiritibus, & ſpecie-
bus, de luce, & luminoſo:, de Sole, aſtrisq́. Quia corpus
eſt, & eſt in loco: de corpore, de ſubſtantia, de loco, de
vacuo. Quia locus finitus dicitur: de finito & infinito.
Quia generat & generatur: ſtatim de cauſis omnibus
vſque ad primam. Quia ratiocinatur, de anima intel-
lectiua & eius facultatibus, de ſcientia & de ſcibili, de
prudentia & reliquis habitibus, vt vocant. Quia in-
terficit: quia nunquam contentus viuit: quia pro patria
vitam morti exponit: quia ſubleuat agros & egentes:
de bono, & malo: de vltimo & ſummo bono: de virtute, & vitio: de animi immortalitate. Quodcunque
autem horum ſecum ducit omnes alias res, quas proſe-
qui faſtidioſum eſſet. Idem dicas de quacumque minima re. Id exemplo familiariſſimo communis horologij

Exemplum
ab horolo-
gio.

cognoſces Si enim quomodo horas pulſet ſcire velis, opor
tet vt à prima ad vltimam omnes circunſpicias rotas:
quidá primam moueat, & quomodo hæc aliā, & hæc
alias duas, ſicá vſque ad vltimam peruenire. Quòd ſi
præter id quòd horas pulſet horologium, eaſdem etiam
exterius in gnomone digito oſtendat: monſtret prætereà
Lunæ motus, auctionem, defectionémque: Solis item per
Zodiacum diſcurſum perfectum eodem quo in cœlo fit
tenore, (quæ omnia & plura alia nos iis portatili horologio ſecundum verum aſtrorum curſum oſtendi
vidimus) ſanè rem difficiliorem efficies, nec vel mini-

mam

mã earum rerũ quomodo fiat percipere poteris, quin totã fabricam ex integro soluas, examines, singulásque partes & earum munus teneas. Idipsum tibi repræsentabit vitreus orbis admirabili artificio ab eximio Archimede Syracusano constructus: in quo omnes sphæra, Planetáq́ eodem modo quo in vera hac machina, & mouebantur & conspiciebantur: flatu per canaliculos & ductus quosdam omnia symmetricè agente. An non oportebat, si quomodo id fieret nosse vellet aliquis, totam perfectè machinam, eiúsque partes vsque ad minutissimam cum muniis callere suis? Idem in nostro hoc orbe existimandum est. Quid enim in eo inuenias quod non moueat & moueatur, mutet & mutetur, aut vnum aut vtrumque patiatur? sed quantò plura in vero orbe & sunt & fiunt quàm in Syracusano vitreo, tantò difficilius est illum, quàm hunc totum complecti: non tamen minus necessarium ei qui scire vult. Vide quò peruentum sit. Vna solùm scientia est, aut esset si haberi posset, in natura rerum: non plures, qua omnes res perfectè cognoscerentur: quando vna sine aliis omnibus perfectè cognosci non potest. Eæ quas habemus vanitates sunt, rapsodiæ, fragmenta obseruationem, paucorum & malè habitarum: reliqua imaginationes, inuenta, fictiones, opiniones. Vnde non ineptè omnino dicebat ille, hominum sapientiam stultitiam esse apud Deum. sed reuertamur vnde digressi eramus, híncque collige vnã esse omnium rerum scientiam. Quotiescumque enim de re aliqua incidit sermo, huius occasione de ...gendum, de alia iterum propter hanc, & te:tiò p   ...lam de alia. sic in infinitum iremus, nisi in medio cursu pedẽ

(marginalia)
Exemplum ab orbe vitreo Archimedis.

Omnia in hoc orbe mouent aut mouentur.

Vna tãtùm scientia est.

Scientiæ nostræ vanitas.

Hominum sapientia stultitia apud Deum.

retra

retraheremus, & id non sine scientia detrimento. Vnde

lex illa in scientiis consurgit, Non omnia in omnibus.
videbant enim omnia ex omnibus sequi, ne tamen co-
rum scientia finem non haberet, limites statuere conati
sunt, quos tamen seruare nequeunt: (quomodo enim limites seruabunt, quos natura non patitur?) vnde eadem necesse est millies in eodem opere, & in diuersis re-
petere: quod facilè ostenderemus in quolibet authore,
sed longum esset. Nonné omnia quæ in prædicamentis,

Arist. eadē
pluribus in
locis repe-
tit.
Gal. proli-
xus.

dixit ille eadem in Physicis, & Metaphysicis repetit?
& quæ in his, in alius passim? Galen. autem noster quàm
prolixus est? vix caput vnum inuenias in quo non legas: Et de his quamuis alibi fusiùs dixerimus, non no- ,,,
cebit si iterum breuiter quod ad propositum spectat repe- ,,
tamus: Vel, Hoc sufficit quod ad præsens institutum at- ,,
tinet, reliqua enim tali in lib. reperies: aut denique si- ,,,
milem aliam dictionem. Quod manifestè ostendit, ad ,,,
vnius rei cognitionem aliarum etiam cognitionem ne-
cessariam esse, quando & ad vnius productionem, con-
seruationem, aut destructionem, omnium aliarum con-

cursus necessarius est, vt in rerum examine fusiùs pro-
babimus. Idem confirmant etiam qui disputationem de
re aliqua suscipiunt: tantùm enim abest vt, si hominem animal esse probare instituant, id efficiant, vt contrà per medios syllogismos discurrentes ab vno in aliud,
tandem deueniant vel ad cælum, vel ad inferos, secundum media quibus vtitur probans, & secundum

Non possu-
mus per de
mostratio-
nes certas
ad prima
principia
peruenire.

negata ab alio. Quod enim demonstrationis inuentor
de eis tradit, per medias veniendum ad prima vsque
principia, ibíque standum, fictio est: sicut & alia circa
eandem

eandem rem dicta.Nec enim talia sunt certa, numera-
ta, atque ordinata media, per quæ liberè possimus pro-
cedere : neque principia in quibus animus quietus con-
tentusque sistere possit. Quòd si tu talia aliqua habes,
gratum facies, si mihi mittas. Expectasné adhuc am-
pliorem inscitiæ nostræ probationem? Dabo. Vidisti iam
difficultatem in speciebus. De indiuiduis autem fateris
nullam esse scientiam,quia infinita sunt. At species nil
sunt, aut saltem imaginatio quædam: sola indiuidua
sunt, sola hæc percipiuntur,de nis solùm habenda scientia est,ex his captanda. sin minus, ostende mihi in natura illa tua vniuersalia.Dabis in particularibus ipsis.
Nil tamen in illis vniuersale video:omnia particula-
ria.In his autem quanta varietas conspicitur?Mirum.
Hic omnino fur : ille homicida : ille non natus nisi
ad Grammaticam : alius scientiis omnino ineptus:ab
incunabulis hic crudelis & truculentus : nulla arte
ille à vino arceri potest: à venere iste:a ludo hic:alter
aut viso, aut etiam olfacto sele animo linquitur : ille
pomum nunquam gustauit,nec alium gustantem videre potest : alter carnem : alter caseum : alius pisces:
ex quibus omnibus nos quosdam nouimus. Alius nu-
mismata, vitrum, pennas, lateres, lanam, omnia
denique vorat & coquit indifferenter : ille rosæ odo-
re aut aspectu labitur in syncopim : iste fæminas odit:
hæc cicuta nutritur : hic diu noctúque stertit : ego sæpius libros iratus proieci, aufugi musæolum : at in foro,
in campo, nunquam nihil cogito, nec vnquam minus
solus,quàm cùm solus:nec minus otiosus,quàm cùm otiosus : mecum hostem habeo,non possum euadere : & vt

Species ni-
hil sunt,
aut imagi-
natio quæ-
dam.

Varietas
multa in in-
diuiduis.

De hoc Ma
thiol. Com-
ment.in lib.
6.Diosco.
c.25.

De hoc Fal
lop.lib. vlt.
de re Ana-
tom. & A-
mat. Lusit.
Centur. 2.
Cur 69.in
Schol.

De hoc A-
mat Lusita.
Centur.2.
Cura.36.
Anus Athe-
niensis.Gal.
3.simpl.

E ille

Horat. 2.
Sermo. fa-
ty. 7.

ille ait, meipfum vita fugitiuus vt erro, Iam fociũ
quærens, iam fomno fallere curam. Fruftrà: nam comes
atra premit, fequitúrque fugacem. Denique funt homi-

Quidã ho-
mines vidē-
tur irratio-
nales.

nes quidã, quos maximè dubites an rationales, an potiùs irrationales vocare debeas. At contrà bruta vi-

Quedã bru-
ta rationa-
lia diceres.
Gal. in ora-
tio. suasor.
ad art. &
Plutarc. in
opusc.

dere est, quæ maiore cum ratione rationalia dicere poßu
quàm ex hominibus aliquos. Respondebis vnam hy-
rundinem non facere ver, nec vnum particulare destruere vniuersale. Ego contrà contendo vniuersale

Vniuersale
falsum si
particulare
aliquod fal-
sum.

falsum omnino esse, nisi omnia quæ sub eo continentur
ita vt sunt & amplectatur, & affirmet. Quomodo
enim verum esset, dicere omnē hominem rationalem,
si plures aut solus vnus irrationalis sit? si dicas, in hoc
homine defectum esse non in animo, sed in corpore
eius instrumento, forsan verum dices, sed pro me. Nec
enim homo solus animus est, nec solum corpus, sed

Defectus
in corpore
etiam spe-
ciē videtur
immutare.

vtrumque simul: ergo altero defectuoso, defectuosus
homo erit: quare nec simpliciter homo: corpus enim de

Stulta opi-
nio:

essentia eius est, quemadmodum & animus, & non
corpus simpliciter, sed tale corpus. Ex quo sequitur ridiculum esse quorundam dictum, Animam scilicet hominis sub figura rotunda vel qualibet alia, quàm ea
qua omnes sumus, esse posse: illúdque hominem fore.
Qualem nescio an ipsi quandoque viderint. si viderunt, mihi fauent. Nam illum eiusdem rationis cum
nostris esse non crediderim: hominem tamen dicunt,

Natura nõ
potesthomi-
nem in alia
producere
figura, quã
in qua nũc
est.

& verum. Quis scit? Nullus. si non viderunt, cur
talem fingunt, qualem forsan natura producere non
potest? Quod si potest, quomodo æterna erit propositio
illa, Anima actus corporis physici organici &c? Hæc
illa

illorum ſciētia eſt. Quin & illud abſurdius multò eſt,
Nullis ſcilicet exiſtentibus hominibus verum eſſe dicere, Homo eſt animal. Impoſſibile enim ſupponunt
vt falſum inferant. Nam ſi in philoſophia loquaris,
nunquam homines deerunt: quia mundus eſt æternus:
ſi in fide, an decriis eſſe Chriſtus dominus? Vides quomodo vtrinque impoſſibile eſt ſuppoſitum tuum. At
nonné ſcis ex præceptore tuo, poſſibili poſito in eſſe, nullum ſequi inconueniens, impoſſibili autem admiſſo, plurima? Sed eſto, ſit poſſibile: ſi homo non eſt, quomodo
homo animal erit? Pro eſſentia dicunt ſupponere verbum (Eſt) ibi, non pro exiſtentia, ſolúmque copulam
eſſe. Proindéque propoſitionem illam æternam eſſe, & in
ſcientiis ſemper ita ſumi: quin & ante creationem hominis veram fuiſſe propoſitionem illam: & in mente
diuina omnes fuiſſe rerum eſſentias. Hinc de Ente &
Eſſentia mira ſcribunt. Quid magis vanum? ſic verba à propria ſignificatione detorquent & corrumpunt,
vt alius ipſorum ſermo ſit à paterno omnino diuerſus,
idem tamen. Cúmque ad eos accedas vt aliquid di-
ſcas, verborum, quibus anteà vſus fueras, ſignificatio-
nes ſic immutant, vt iam non res eaſdem & naturales
deſignent, ſed illas quas ipſi finxêre; quò tu ſciendi auidus, harúmque nouarum rerum omnino ignarus eos de
his ſubtiliter diſputantes & differentes, qualéſque ſibi in
inſomniis apparuêre, mirotamen artificio referentes, au-
dias, mireris, colas, reuerearíſque ac acutiſſimos naturæ
ſcrutatores. Mirum quanta barbaries. Quid ſimplicius,
quid clarius, quid magis vſitatum verbo hoc (Eſt)?
De eo tamen quanta diſputatio? Pueri Philoſophi do-

Abſurda a-
lia opinio.

Homines
nonpoſſunt
deeſſe.

Impoſſibili
admiſſo plu-
rima ſequū-
tur incon-
uenientia.

Inepta re-
ſponſio.

Dialectici
verba per-
uertunt.

Etiores sunt, à quibus si quæras, an domi pater sit, re-
spondent esse, si sit: si quæras an nequam sit, negant.
Philosophus de nullo homine asserit esse animal. Nec
illud absurdum minus est quod quidam astruere cona-
tur, Philosophiam non alio idiomate doceri posse, quàm
vel Græco, vel Latino: quia, inquiunt, non sunt verba
quibus vertere possis plurima quæ in illis linguis sunt,
vt Aristotelis ἐντελέχεια *, de quo hucusque frustrà di-*
sputatur quomodo Latinè verti debeat: apud Latinos
Essentia, Quiditas, Corporeitas, & similia quæ Philo-
sophi machinantur: quæ̃q̃, cùm nihil significent, à nullo
etiam nec intelliguntur, nec explicari possunt, nedum
vulgari sermone verti, qui res solùm veras, non fictas
nominibus propriis omnes designare solet. Huic adde
friuolam aliorum sententiam verbis nescio quam vim
propriam assignantium, vt inde dicant nomina rebus
imposita fuisse secundum earum naturam. Quo ducti
non minus stultè etiam quidam verborum omnium
significationes ab aliquo trahere conantur: vt lapis, quia
lædat pedem: humus ab humiditate, inquiunt. Et asinus
vnde? à te, quia sine sensu es: a enim Græcè, & Lati-
nè sæpe priuat: sinus, quasi sensus: ergo asinus, idem est
quod sine sensu: & hoc idem quod tu. An non bona est
etymologia? De aliis omnibus curiosè magis, quàm verè
aut vtiliter idem inquirunt : sicq̃, omnia deriuatiua
aut composita faciunt, nullum simplex nec primum:
quod quàm vanum ignarúmque sit quis non videt?
Si lapis dictio pro natura rei imposita est, vt dicis : an
hæc est lapidis natura vt lædat pedem? Non, puto. sed
esto. Quomodo (lædo) naturam damni quod significat

repræ

Vana alia opinio.

Friuola alia scientia.

Stulta alia.

Confusio harū senté-ciarum.

repræsentat? Quomodo (pes) pedis naturam significat?
In infinitum imus. Humus etiam ab humiditate non
dicitur : nam contrà terra siccißimum est omnium
elementorum per te. sed sit humidißima, & inde dicatur humus, vnde dicetur humiditas? si aliud des vnde
hæc dicatur, idem de illo quæram. Iterum in infinitum.
si tandem cesses in aliquo, illud quidem non habebit
quomodo naturam rei, quam significat, ostendat. Ex
eo enim omnia ante illud media naturam rei repræ-
sentare videbantur: quia ab aliis deriuabantur, quæ
aliquid significabant, vsque ad vltimum, quod à nullo alio deriuatur per te: aliàs enim iterum de illo quæ-
rerem. Quot autem simplicia sunt? ferè omnia. Prætereà si (panis) pro rei natura impositus est, quid
Græcè ἄρτος aut Britanicè Bara, aut Vasconicè Ou-
guia : quorum diuersitas in sonitu, in literis, in accen-
tu tanta est, vt nullo communicare dicas? si vnam solùm dicas linguam pro rerum natura impositam esse,
cur non item aliæ? aut quæ illa? si dicas Adami primam, verum quidem est: poterat enim, quia rerum
naturas nouerat, vt testatur author Pentateuchi: &
tunc sanè desiderandum esset vt Philosophia sua, aut
quam habemus, suo etiam idiomate conscripta esset.
Nec, si tu dixisses tunc eam alio sermone doceri vel
explicari non posse, quàm illo Adami, ego id negarem:
sed dicis non nisi Græco, aut Latino, quæ pro rei natura
imposita non sunt. Quid quòd perpetuò voces corrum-
puntur: extàntque Galli libri, Hispaníque, in quibus
verba plurima inuenias, quorum significata omnino
ignorátur? Et apud Latinos nonnè verba sunt obsoleta

Ferè omnia nomina simplicia sunt.

Genes. 2.

Dictiones perpetuò corrumpú-tur, alterá-tur, miscen-tur.

D 3　　pluri

plurima, quotidiéque de nouo alia finguntur? idémque in sermone contingit, atque in aliis rebus ut usu continuo inmutetur, tandémque tanta mutatio cõtingit, ut omnino degeneret & diuersus fiat: unde est quòd periit iam omnino antiquus sermo Latinus in Italum nunc vulgarem transformatus: Græcus eodem modo. Si qui autem libri superstitê utramque linguam seruant, adeò ab antiquo illo splendore differunt, ut si nobis sua lingua loquêtibus adessent Demosthenes, aut Cicero, forsan deriderent. Nec hoc solùm, sed hic ab illo mutuatur dictiones plurimas, ille ab alio: sicq́ puto nullam legitimam syncerámque nobis superesse linguam. Nulla ergo vocibus rerum naturas explicandi facultas, præter eam, quam ab arbitrio imponentis habent: eadémque vis [cani] ad significandum panem est ac canem, si ita placeat. Sunt quidem verba quædam ab effectu, vel accidente aliquo rebus imposita, non tamen à natura. Quis enim rerum naturas nouit, ut secundum eas nomina illis imponat? Aut quæ nominibus cum rebus est communitas? Illa verò sunt quæ vocamus propria, ut si hominem risibilem voces, vel flebilem: in quibus tamen primitiua, scilicet risus & & fletus, nullam vim habent, nisi quam ab arbitrio nostro accepêre. sic alipes Mercurius, armiger, & similia composita. Sunt & alia quæ similitudine sonus, voces imitantur eorum quæ significant, proinde Onomatopeica dicta, ut cucurire gallinarum, crocitare coruorum, rugire leonum, balare ouium, latrare canum, hinnire equorum, mugire boum, frendere porcorum, stertere dormientium, susurrus aquarum, sibilus, sinnitus, timpanũ, clan.

Græcum & Latinũ idioma nimis deprauata.

Nulla nobis syncera, legitimáque lingua superest.

Voces non explicãt rerũ naturas.

Nomina quædam ab effectu imponuntur.

Nulla verbis cum rebus conuenientia.

Nomina Onomatopeica à similitudine sonus.

dangor, & ille, Baubantem eff timidi pertimuiffe canem:& alter, Et tuba terribili fonitu taratantara dixit: & alius, Quadrupedante putrem fonitu quatit
vngula campum. Neque in his quoque aliqua naturæ
demonftratio eorum quæ fignificant, fed fimilitudo fo-
norum. Minus etiam in verbis omnibus deriuationem
quærere oportet: aliter namque iretur in infinitum. fed
longiùs proceſsimus, quàm putaueram. Reuertor. Hominum ipforum quanta varietas etiam in ſpecie? alicubi
omnes breuiſsimi funt, pygmæi dicti: alibi prægrandes,
Gigantes: alij omnino nudi incedunt: vilofi alij, totoq́
corpore capillati: quin alij omnino fermonis expertes fe-
rarum modo in ſyluis degunt, cauernis conduntur, aut
etiam auium ritu in arboribus ſtabulantur, fed & no-
ftros homines fi quando contingat rapere, maxima cum
voluptate deuorant: alij de Deo & religione nil folli-
citi omnia communia habent, filios quoque & vxores:
vagantur, nec fedem fixam habent. Contrà alij Deo &
religioni aftricti pro his fanguinem intrepidè fundunt.
Quiſque fibi propriam ciuitatem, domum, fœminam,
familiámque habere vult, habitámque vfque ad mortem tuetur: illi poft mortem cum amicis viuis, vxori-
bus, & fupellectile terræ aut igni mandantur: hi nil
horum curantes inhumati manent: alter viuum fe
laniari, diffecaríque in partes patitur & conatur: ille
fugiêdam mortem omnino cenfet. Non finem faceremus
fi omnes omnium mores recenfere vellemus. An tu his
eandem rationem, quâ nobis, omnino putes? Mihi non
verifimile videtur. Nihil tamê ambo fcimus. Negabis
forſan tales aliquos effe homines. Non contendam: fic ab
aliis

Verg. 8.
Acneid.

Non omnia
nomina de-
riuantur.

Variæ homi
num condi-
tiones, varij
mores.

aliis accepi : his sunt pleni antiquorum recentiorúmque libri, nec impoßibile videtur : quin & aliqui forsan sunt alij magis his à nobis diuersi in aliqua orbis parte, nobis nondum aperta, aut fuére, aut erunt. Quis enim de omni quod fuit, quod est, aut quod erit certum quid proferre potest ? Dicebas heri perfecta scientia tua, imò & à plurimis sæculis, totam terram Oceano circunflui, eámque in tres diuidebas partes vniuersales, Asiam, Aphricam, Europam. Nunc quid dices ? nouus est inuentus mundus, nouares, in noua Hispania, aut Indiis Occidentalibus, Orientalibúsque. Dicebas etiam Meridionalem & sub Aequatore positam plagam inhabitalem æstu esse, sub Polis verò & extremis Zonis propter frigus. Iam vtrumque falsum esse ostendit experientia. Strue aliam scientiam, falsa enim iam prima est. Quomodo ergo æternas, incorruptibiles, infallibiles, queq́ aliter habere non poßint propositiones tuas asseris miserrime vermis, qui vix quid sis, vnde sis, quò eas, ac ne vix quidem scias ? De aliis tum animalium, tum plantarum speciebus pro diuerso orbis situ idem dicere licet : tanta quippe in diuersis plagis eiusdem, vt vocas, speciei dißimilitudo est, vt diuersas dicas species, & sunt. Nil tamen ambo scimus : quippe qui formas vtriusque non cognoscamus, per quas ipsa distinguntur. Addit etiam ad ignorantiam nostram rerum aliquarum prohibitus accessus nobis, vel propter locum, vel propter tempus, quarum maxima pars est. Hinc eorum quæ in mari, quæ in intima terra, quæ in supremo aëre, quæ denique in supremis corporibus fiunt & sunt, maxima dubitatio. Nec sine ratione : omnis enim à sensu

cogni.

Margin notes:

Nullus de omni quod fuit, quod erit, certum quid dicere potest.

Terræ diuisio pristina arguitur.

Falsa opinio de Zona torrida, & duabus extremis.

Rerū quarundā prohibitus accessus ignorātiam nobis auget.

cognitio est: à quo cùm illa percipi non poßint, nec sciri
subinde possunt: imò multo minus quàm quæ nobiscum
sunt. De his enim quòd sint non dubitamus, de illis autem plurima dicuntur, quæ esse nec certum est, nec ratio id cogit: quin quandoque contrarium, vt suo loco
dicemus. Huc etiam spectat de pluralitate mundi quæstio, de eo quod extra cælum est, & similes. Nec hoc solùm, sed & in diuersis terræ partibus (quas vnus &
idem omnes perlustrare non potest, necessarium tamen
est) propter nuper dictam rerum varietatem varia
sunt hominum opiniones, nulláque scientia. De his verò
quæ longo tempore ante nos facta sunt, de his quæ posteà
fient, quis certi quid asserere potest? Huius occasione tanta
hucusque de mundi principio, aut æternitate inter Philo-
sophos disceptatio, de eiusdem duratione & fine con-
trouersia: cui finem nullus imposuit, quòd sciamus, nec
forsan imponet ex scientia. Quomodo namque corrupti-
bilis de incorruptibili, finitus de infinito: denique qui per
instans solùm viuit ac si non viueret, est quasi non
esset, de sempiterno certò quid ostendere valeat? Cuius
(an sit) quæstio, quemadmodum & reliquorum, fundamentum est aliarum quæstionum, de qua penitùs nil
ipse nouit, nec nosse potest. At de his omnibus nobiliores
sunt, maximéque necessaria ad aliarum omnium rerum cognitionem in Philosophia dubitationes, quarum
ignorantia aliarum subinde inscitiam inducit. Quòd
verò nil perfectè sciri poßit, humano modo, apparet ex
eo quòd Peripateticus cum reliqua schola conantur in-
numeris rationibus ostendere mundum esse æternum,
nec habuisse initium, nec habiturum finem: idq́ persua-

F sum

Omnis co-
gnitio no-
stra à sensu
est.

Indecisæ
quæstiones.

De his quæ
olim facta
sunt, & de
his quæ
fient, nil cer-
tum.

Corrupti-
bilis de in-
corruptibi-
li iudicare
rectè non
potest.

Nobiliffi-
mæ quæstio-
nes de biis-
ma sunt.

Peripateti-
ci mūdum
æternum
faciunt.

Plini. lib.1.
Natura.hy-
ſtor.c.1.

Ratio hu-
mana mun-
di æternita-
tem ſuadet.

Eccleſiaſt.1.

Mundus
creatus eſt
& mutabi-
tur, ſecun-
dum Fidé.

Pſalm.101

Geneſ. 1.

Phi'oſopho
rum opinio
excuſatio-
né aliquam
habet: per-
tinacia ad-
uerſusfidé,
nullam.

ſum eſt Philoſophis. Vnde Romanus ille Naturalem
hyſtoriam ſuam inde auſpicatus eſt. Et certè ſi humana
ducaris ratione potiùs id iudicabis. Nam veniſti in
mundum iam factum, & pater tuus, & aui tui: diſceſ-
ſerúntque illi, & diſcedes tu: vidéſque alios & na-
ſcentes & morientes, ipſo manente. Nec eſt aliquis qui
aſſerat aut voce, aut ſcripto ſe aut vidiſſe mundi principium, aut vidiſſe alium qui viderit, aut qui audierit
ab alio ſe vidiſſe. Et, vt dicit Sapiens, Generatio præ-
terit, & generatio aduenit, terra autem in æternum ſtat.
Oritur Sol & occidit, & ad locum ſuum reuertitur,
ibique renaſcens gyrat per medium, & flectitur ad
Aquilonem. Luſtrans vniuerſa in circuitu pergit ſpiri-
tus, & in circulos ſuos reuertitur. Omnia flumina in-
trant in mare, & mare non redundat. Ad locum vnde
exeunt flumina reuertuntur, vt iterum fluant. Cuncta
res difficiles, non poteſt eas homo explicare ſermone.
Audiſti ſententiam Philoſophorum: tamen vides
contrarium omnino eſſe verum, ſecundum fidem, mun-
dúmque & creatum eſſe, & finem habiturum, ſaltem
ſecundum qualitates quas modò habet. Non enim ani-
hilabitur, iuxta illud regij prophetæ, Et ſicut opertorium,
mutabis eos, & mutabuntur &c. Quæ quidem omnia
ſciuntur ex reuelatione diuina, non ex humano diſcur-
ſu. Nec enim id fieri poteſt. Vnde diuinus legiſlator
Moſes, diuinam hyſtoriam ſuam diuino afflatus ſpi-
ritu diuinè à mundi creatione orditur, contrà omnino
ac fecit Plinius. Proinde excuſationem aliquam habet
Philoſophorum opinio: ſed nullam pertinacia in non
credendo, & contumacia in fidem. ſed regrediamur.

Eſt

Est & alia ignorantia nostræ causa, rerum quarun-
dam tam magna substantia, ut à nobis omnino percipi
non possit: quo in genere Philosophorum Infinitum est,
si quod illud est: nostrorum Deus, cuius nulla mensura,
nulla finitio, nec subinde à mente comprehensio aliqua
esse potest. Nec immeritò: comprehendentis enim ad com-
prehensum proportio certa esse debet, ut aut comprehen-
dens comprehenso maius sit, aut saltem æquale (quam-
uis hoc vix fieri posse videatur, ut æquale aliud æqua-
le comprehendat, ut videbimus in tractatu de loco:
sed nunc demus): nobis autem cum Deo nulla propor-
tio, quemadmodum nec finito cum infinito, nec corru-
ptibili cum æterno: denique eius collatione nihil potiùs
sumus quàm aliquid. Hac eadem ratione ille omnia
nouit, ut qui omnibus maior, superior, præstantior, aut
melius, ne collationem cum creaturis facere videar, ma-
ximus, supremus, præstantissimus sit. Quæcumque sum-
mo huic opifici propinquiora sunt, ea ratione nobis inco-
gnita etiam sunt. Est aliud rerum genus his omnino ad-
uersum, quarum tam minutum esse est, ut vix à men-
te comprehendi possit. Et harum maxima copia, cognitio
maximè necessaria ad scientiam, ferè tamen nullam
habemus. Talia forsan sunt accidentia omnia, quæ penè
nihil sunt: adeò ut hucusque nullus fuerit qui eorum
naturam perfectè explicare potuerit, quemadmodum
nec aliquarum rerum. Nil scimus. quomodo ergo expli-
cabimus? Neque mirum est, si aliqui accidentia nihil in
se esse iudicarint, sed solùm quædam nobis apparentia,
quæ pro varia nostri conditione dispositionéque varia
apparent: ut qui febrit, omnia calida iudicat: cui lingua

fluka

Alia in rebus ignorantiæ nostræ causa.

Comprehendentis ad comprehensum proportio esse debet.

Nulla nobis cum Deo proportio.

Deus omnia nouit.

Alia occasio in rebus insciæ nostræ.

6. Metaph.

Accidentia nihil in se esse, dixerūt Pyrrhonici. & Epicur. & Democ. Laërt. 9. & 10. Plutarc. in Colot.

flaua bile aſperſa eſt, omnis amara. Alia adhuc in rebus ſupereſt inſcitiæ cauſa noſtræ, aliquarum ſcilicet perpetua duratio, rurſus aliarum perpetua generatio, perpetua corruptio, perpetua mutatio. Ita vt nec illarum
rationem reddere poſſis, cùm non ſemper viuas: nec
harum, cùm & nunquam eadem ſint omnino, & modò
ſint, modò non ſint. Hinc fit vt de generatione & corruptione diſputatio ſub iudice adhuc ſit, de qua alibi

quid ſentiamas proferemus. Quot generationis? quot cor-
ruptionis modi? Illa ex ſemine, ex ouis, ex fimo, ex pu-
tredine, ex rore, ex puluere, ex limo, ex halitu, ex carie,
ex pluribus aliis. Hæc à calore, frigore, ruptione, diſſolu-
tione, oppreſſione, nec certus forſan numerus eſt. ſi de
phœnice verum dicunt, ex cinere combuſti parentis oritur vermis, ex quo alius ſit phœnix. Vermiculi qui nobis
ſericum faciunt omnino exſiccantur, poſt longum tempus renaſcuntur, tanquam ex ſemine, ex granulis qui-
buſdam alij. Struthium oua fixè inſpiciendo animare

ferunt: vrſum lambendo efformare catulum. Ficus,
nuces, ligna in vermes abeunt, & lapideſcunt. Arbo-
rum folia quarundam Iuuernæ fluuio imminentium,
ſi in eum cadant, piſcium naturam ſubeunt. Aliarum
plurium frondes in terram cadentes volitantia animalia efficiũtur. Gallæ, triticum, folliculi lentiſci, & populi, medulla cardui fullonum, caſeus, caro, terebinthus
in vermes mutantur & volucellos. Et, quod magis

mirandum, in Britanico Occœano, ſi verum narrat ille,
auis anatis figura, roſtro de putridis naufragiorum reli-
quiis pendet, donec inde ſoluta piſces ad ſui alimoniam
quæritet: quam Vaſcones Occœani incolas, Craban,
Brito

Britones, Bernachiam, vocare ait. Addit & regi Fra-
cifco Galliarum allatam concham, cui intus auicula
ferè perfecta erat, quæ alarum faftigiis, roftro, pedibus,
hærebat extremis oris oftraci. Oua in Aegyptiis ad Cai-
rum in fornacibus animantur, temperato ignis calore: &
alicubi etiam in fimo. Inter pifces plures non dubito effe,
& inter aues producendi modos. In his autem quæ vi-
ta carent non pauciores. Deftruendi totidem. Inter ortum
& interitum quot mutationes fiunt? Innumeræ. In vi- Plurimę inter ortum,
& interitū
mutationes
uentibus nutritio perpetua, auctio ad tempus, ftatus, de-
clinatio, generatio, variatio partuum, mutatio, defectus,
additio, perfectio morum, actiones, opera diuerfa, con-
traria fæpißime in eodem indiuiduo : denique nulla
quies. Nec mirum fi aliquorum fententia fuerit, de ho- Homo idē
non eft poft
horam vnā
qui anteà, fe
cundum ali
quorum
fententiam.
mine vno poft horam non afferi poffe eundem effe, qui
ante horam, non omnino explodenda, imò forfan vera.
Tanta quippe eft identitatis indiuifibilitas, vt fi pun- Idētitas eft
indiuifibilis
ctum folùm vel addas, vel detraxeris à re quapiam,
iam non omnino eadem fit : accidentia verò de indi-
uidui ratione funt, quæ cùm perpetuò varientur, fub-
inde & indiuiduum variari contingit. Scio, dicis, dum
eadem forma maneat, idem femper effe indiuiduum:
ab illa enim vnum quid dicitur : nec accidentium ho-
rum minutias identitatem mutare. Dixi identitati nihil Identitati
nihil mutā-
dum.
mutandum, aliàs non idem omnino effe. Vna forma
vnum facit. Eadem forfan informat femper, fed non
idem: in hoc enim perpetua mutatio, vt in corpore meo.
At ex vtroque componor, ex anima præcipuè, ex corpo-
re paulò minùs, quorū aliquo variato, & ego varior.
fed id alibi latiùs & oportuniùs. Atque hucufque de

De partib'
animaliū
maxima du
bitatio.

totis animalibus. Quòd si partes respicias, multò maior
dubitatio. Cur sic hæ? cur illæ? an aliter melius? an peius?
cur non plures? cur tot? cur tanta? cur tam paruæ? Nunquam finis. In inanimatis idem. Quid igitur fixum de
rebus tam mutabilibus, quid determinatum de rebus

De introdu
ctione for-
marū q̄ E
tio non de-
finita.

tam variis, quid certum de rebus tam incertis? Nil sanè. Orta hinc proinde est de introductione formarum,
earundémque principio tanta disceptatio, quantam
nunquam finiet aliquis. Quòd si addere velis monstra
quæ indies fiunt, tot, támque diuersa, maximè in homi-

Alir igno-
randi occa-
siones.

ne, promiscuos sexus in aliquibus speciebus, & aliarum
specierum indiuiduis: mixtas species, vt ex asino &
equa mulus, aut ex equo & asina hinnus, ex lupo &
cane lycisca, ex tauro & equa hinnulus, quæ vulgata
sunt apud nos: quanquam & ex cani & vulpis, tigri-
dis, hyæna, lupíque, cum quibus misceri aiunt, coitu ter-

Aristo. 2.de
generat.
animal.

tia species fieri debeat, vt & ex cameli cum equa,
galli cum perdice, & si verum est quod de ossifrago
dicunt, ex vulture & aquila gignitur. In arboribus
eadem mixtio cernitur & plantis aliis, vt in caulora-
po, malopersicis, amigdalopersicis, & pluribus aliis,
quibus insitione media acquiritur natura inter insitum,
& id cui inseritur. si denique addas mutationes spe-

Occasioalia
iurebus in-
scitiȩnostrȩ

cierum, vt ex tritico sæpe lolium, & ex lolio triticum
quandoque, & ex sicala auena fit: si mutationes sexus
iu quibusdam hominibus, à virgine in virum, vt illi
dixêre, rem omnino difficilem efficies, nec scies quid

Hypoc. 6.
Lprȩc.Plin.
lib.7.Natu-
ra. hysto. c.
4 Amat.L u
sit. Cent. 2.
Cur.39.

hoc, quomodo, à quo, quare. Minus ego. Atque in his
quæ anima carent maior mutatio, maior diuersitas in
generatione, in corruptione. Amplius nobis sciendi ansam

adimunt

adimunt eiufdem rei varij, multi, fed & contrarij effectus: eiufdem contrà effectus varia, multa, fed &
contraria caufa. Exemplum vnum (ne nimis prolixus fim, cùm in rerum examine hæc latiùs difcutienda
fint) tibi fit calor, qui idem generat, corrumpit: dealbat,
denigrat: calefacit, frigefacit : attenuat, incraffat : fegre-
gat, congregat: liguat, cogit: exficcat, humectat: rarefacit,
denfat: extendit, contrahit: ampliat, coarctat: dulcorat,
amarefcit: grauat, aleuiat: mollit, durat: trahit, pellit:
mouet, cohibet: lætificat, triftat. Quid denique non agit
calor? Hic numen fublunare eft, dextera naturæ, agens
agentium, mouens mouentium, principium principiorum, caufa caufarum fublunarium, inftrumentum in-
ftrumentorum, anima mundi. Nec immeritò in prima
Philofophia antiqui plurimi ignem primum credidére
principium. Meritò Trimegiftus ignem Deum vocauit.
Optima cum ratione Ariftot. Deum, ardorem cœli potuit appellare, licèt cœli ardorem Deum effe non credi-
derit: proindéque in hoc à Cicerone malè taxatur. Quid
enim Dei Opt. Max. meliùs potentiam, virtutem,
fpeciémque aliquam eius ineffabilis diuinitatis nobis
fuggerat igne? Ipfemet hoc infinuauit, in ardenti rubo
fideli feruo fe primùm oftendens: & in columna
ignis dilectum populum per defertum ducens: & in
igneis linguis fuper electorum conuentum defcendens.
Vides quanta calor agat: fimplex tamen accidens eft,
cuius ratio, ficut & aliarum rerum, incognita eft. Quomodo tot obit munia folus? Difficile intellectu, difficillius
dictu, difficillimum, vel impoffibile forfan, vtrumque.
Diftingunt tamen id quod per fe, ab eo quod ex acci-
denti

Aliæ igno-
rādi caufæ.

Calor oĩa
feiè agit.

Caloris vir-
tus, & enco-
mium.

Calore nos
Deo com-
municare
dicebat Py-
thag Laërt.
8.

Id: Epicur.
vnde Laërt.
9. & 10. &
Pythago. 8.

Nil magis
Deum re-
fert igne.

Exod. c 3.

Exod. c. 14.

Act. Apoft.
c. I.

denti sit: varietatem subiecti obiiciunt, quorum quolibet difficius est primo. Quis hanc varietatem exactè
nouit? Nullus. Solùm probabilia quædam dicunt: quod
certò sciunt, nihil. Sed de his posteà. Sufficiat nunc nosse,
nos nil planè nosse. Eadem ratione à contrariis causis

Alia ignorã
li occasio.

idem productus effectus ambiguitatem nobis parit maximam. Frigiditas & à motu sit, ut in corde, thoracis,
arteriarum, calideą́ aqua agitatione, & à quiete, ut si
homo à motu calens quiescat. Caliditas itidem à motu,
in cursu: à quiete, si quiescat cor, aut bullientem aquam
non moueas. Nigrities à calore, in Aetiopibus: à frigore, in demortuo, aut diu suspenso membro: præcipuè si
compressione spiritus per arterias transitus impediatur.
Putredo, ab omnibus qualitatibus, dempta siccitate.
Nec hoc solùm, sed unum contrarium ab alio contrario producitur: calor à frigore, in calce frigidâ macerata,
in nobis, fontibus, terra, hyberno tempore: unde senten-

Hyp. 1.
Aphor. 15.

tia, Ventres hyeme & vere calidissimi. Frigus à calore,
in cõbustis corporibus calidis, in Aetiopibus, qui frigidi
sunt internè, & nos etiam æstate. Quomodo hæc fiant penitus non intelligo. Ergo nec alij? Non necessariò concludo. Videtur tamen. Quid ipsi de de his dicãt audio: non
tamen proptereà rem magis cognosco. Idipsum ego cogi-
tabam anteà: sed non satiabat animum. Nam si quid
perfectè cognouissem, non negassem, imò vehementer cla-
massem præ lætitia: nil enim fælicius mihi euenire potuerit. Nunc autem perpetuo angor mærore, desperans
me quid perfectè scire posse. Aut ergo solus ego omnium
ignarissimus: aut mecum omnes alij. Vtrumque credo
verum. sed scirem tamen aliquid, si alij etiam aliquid
scirent.

sciunt: nec enim verisimile est mihi soli omnino ad-
uersam fuisse naturam. At nil omnino scio. Neque tu.
plures aliæ sunt in rebus nobis occasiones ignorandi, quas
& longum, & inutile esset omnes huc transferre, cùm in
singulis earum tractatibus eas tibi videre liceat, &
ipse vbique ostendam vbi de eis sermo fuerit. Solùm
vnam aut alteram adhuc addam præcipuas. Rerum
varietas, multiplex forma, figuræ, quantitas, actiones, Alia causa iniicitur.
vsus tot támque diuersi mentem sic nobis circumue-
niunt, aut melius, distrahunt, vt securè non possit quid
vel proferre, vel sentire, quin ex alia parte obsideatur,
& cogatur opinione cedere: sicq́; hinc inde varia nunquam sistitur. Si asserat albedinem (vt de coloribus suf- Colorū cau-
ficiat exemplum adduxisse) à calore fieri, arguit eam sæ dubiæ.
nix, glacies, Germani: si à frigore, cinis, calx, gypsum &
os, vsta. Si ab humiditate, hæc: si à siccitate, illa. De ni-
gredine totidem contingunt dubitationes. Quid verò
dicas de mediis? Quam temperiem illis assignabis? Atque extrema adhuc videntur manifestam habere causam, vt nix frigus, cinis calorem: quia vtrumque sensu deprehenditur. Quid verò dicas de maculatis animalibus panthera, pardo, cane, & similibus? Quid de
herbis, dracunculo, carduo argentato, trifolio maculato?
Quid de floribus vetonicæ altilis, violáq́; variegatis?
Quid de turcico phascolo? Quid de auibus, pauone,
psittaco? An pauoni, maculatis floribus, pardo, in
eadem pinna, flore eodem, eodem capillo, diuersa assignabis temperamenta? Atque permanentes colores sunt.
Quid de Iride dices, de columba variegata, de vitro
aqua pleno, & alio sine aqua: quæ variè soli expositæ,

G   aut

aut ex vario videntis situ tam varios proferunt colores? Meritò mutus eris, ut & ego. In omnibus aliis, quæ
supra enarrauimus, multò magis. Nec vnquam finis:
quò plus scrutamur, plures sese offerunt tricæ, magis con-
fundimur, difficiliùs expedimur. Vbi enim multitudo,
ibi confusio. Sic non immeritò Philosophiam nostram
liceat conferre Minois labyrintho : in quem ingressi re-
gredi non possumus, nec explicare nos : si pergamus, in
Minotaurum incidimus, qui nobis vitam adimit. Hic
finis studiorum nostrorum, hoc præmium irriti & va-
ni laboris, perpetuæ vigiliæ, labor, cura, solicitudo, soli-
tudo, priuatio omnium deliciarum, vita morti similis, cum mortuis degendo, pugnando, loquendo, cogitando, à viuis abstinere, propriarum rerum curam ponere,
animum exercendo corpus destruere. Hinc morbi : sæpe
delirium : semper mors. Nec labor improbus aliter
omnia vincit, nisi quia vitam adimit, mortem accele-
rat, quæ ab omnibus liberat. sic qui moritur omnia vincit : tantúmque abest vt verum sit quod ille dicit, vt
contrà omnino eueniat. Ait autem

Ad summam sapiens vno minor est Ioue, diues,,,
Liber, honoratus, pulcher, rex denique regum. ,,
Præcipuè sanus: nisi cùm pituita molesta est. ,,
Vide quomodo pituitam coactus aperuit tandem.
Sed alibi contrarium dicitur, & veriùs.

Ipse licèt venias Musis comitatus Homere. ,,
Si nihil attuleris, ibis Homere foras. ,,

Et idem Horat. meliùs inferiùs

Scilicet vxorem cum dote, fidémque, & amicos,,,
Et genus, & formam regina pecunia donat.
,,

At ,,

Marginal notes:
- Vbi multitudo, ibi cōfusio.
- Philosophia Minois labyrintho similis.
- Tristis studiorum finis.
- Labor improbus oīa vincit, quia vitam adimit.
- Horat. 1. Epist. 1.
- 1. Epist. 6.

,, At bene nuncupatum decorát Suadela, Venusq́;.
Verum quidem id est nunc quod & ille alibi.

,, Curia pauperibus clausa est, dat census honores,
,,   Inde grauis iudex, inde seuerus eques.
,, In pretio pretium nunc est, dat census honores,
,,   Census amicitias, pauper vbique iacet.

Ouid.3. Amor. eleg.7.

Ouid.1. Fastor.

Nihili fit doctrina, & cedunt armis togæ, concedunt laureæ linguæ. Nauci fiunt literati. Quid igitur nos con-
,, *sumimus? Nescio. sic fata ferunt. Dedit Deus filiis ho-*
,, *minum occupationem hanc peßimam, vt in ea occupa-*
,, *rentur. Cuncta fecit bona in tempore suo : & mundum*
,, *tradidit disputationi eorum, vt non inueniat homo opus*
,, *quod operatus est Deus ab initio vsque ad finem. Non absimilis etiam videtur eadem Philosophi(a vt vnde digreßi eramus regrediamur) Hydræ Lerneæ, quam Hercules expugnauit. Nostram autem non est qui vincat. Absciso capite vno, emergunt centum ferociora semper. Deest enim mentis ignis, qui perfectè rem vnam cognoscens, reliquis difficultatibus pullulandi occasionem auferat. Concludamus. Cognitio omnis à sensu trahitur. Vltra hãc, omnia confusio, dubitatio, perplexitas, diuinatio : nil certum. Sensus solùm exteriora videt: nec cognoscit. Oculum nunc sensum voco. Mens à sensu accepta considerat. Si hic deceptus fuit, illa quoque: sin minùs, quid assequitur? Imagines rerum tantùm respicit, quas oculus admisit: has hinc inde spectat, versat, inquirendo, quid hoc? à quo tale? cur? Et hoc tantùm. Nec enim videt aliquid certi. Nonné hoc vult illius fabula? in qua grus vulpem ad prandium inuitans, ei scyphum angusti oris vitreum pulte plenum*

Ecclesiast.1.

Philoso- phia similis Hydræ Ler- neæ.

Extra sensum omnia confusio, dubitatio.

Sensus non cognoscit.

Naturam Aesopi grus refert.

G 2   *obiicit*

obiecit:ad quem vulpes linguam , osq̄ admouens , aliquid prehendere eius , quod videbat , ferculi cogitans, irrito conatu, vindictam grui,similem ab eadem vulpe antea paßæ iocum , dedit. Simili ratione pictis vitis aues ille delusit:dum hæ rostro impetentes , vt comederent,rostrum tabulæ illidunt. Alter verò istum, velo sic affabrè delineato, vt verum videretur , decepit: dum hic , quasi iam vicißet tumidus , accurrens videndæ picturæ cupidus , velo coopertam credens , manum tabulæ admouet,vt velum amoueat,tabulamq̄, offendit solam.Sic nobis natura res obiicit cognoscendas.

Zeusis:apud Plin. lib.35 c.10.

Parrhasius: Plin. ibidē.

Aristot.

Et hoc dicebat ille alibi:intellectum nostrum ad rerum naturas,sicut nicticoracis oculum ad Solis lumen,se habere. Per simulacra de rebus iudicat. An ergo rectum potest esse iudicium? Tolerabile id esset , si omnium rerum,quas scire cupimus,simulacra à sensu haberemus. Nunc autem contra , præcipuarum rerum nulla habemus.Solùm accidentium , quæ ad rei essentiam, vt dicunt,nihil conferunt: à qua vera scientia est : vilißimique sunt omnium entium. Ab his de aliis omnibus coniectari oportet.Quæ ergo sensualia sunt,crassa, abiecta,(ea sunt accidentia,compositáque)nobis vtcumque nota sunt.Quæ contra spiritalia, tenuia,sublimia,(ea sunt principia compositorum ,cœlestiáque)nullo modo. Hæc tamen natura sua cognoscibilia magis sunt: quia perfectiora, magis entia,simpliciora,quæ tria perfectam cognitionem producunt. Nobis minùs: quia à sensibus magis remota. Quæ autem his magis propinqua , nobis magis cognita:non alia ratione,quam quia à sensu melior dependet cognitio nostra. Natura autem sua minimè

Intellectus Iudicat de rebus per simulacra.

Accidentia viliߞima sunt omniū rerum.

Entitas,perfectio, simplicitas cognitionem perfectam faciunt.

Melior cognitio nostra à sensu est.

mè

mè cognoscibilia : quia imperfectißima , ferè nihil. Ens
verò cognitionis omnis : imò actuum omnium & mo-
tuum obiectum, subiectum & principiũ est. Vides quã-
ta in rebus nobis ignorãdi occasio præbetur. Videbis me-
lius vbi ad earũ explicationem venerimus. Hæc enim
vniuersaliter solùm dicta sint. At hæc non demõstrant,
sciri nihil. Nec demonstrare id proposui : (vt, demon-
strare, tua significatione vtar) nec possem. Nam nihil
scitur. Sat est obiecisse tibi difficultates. Si has vincere
poßis, aliquid scies. Sed non poteris : nisi tibi clanculum
demißius alius de nouo sit spiritus. Potest forsan id fie-
ri: sed nondum vidi. Nunc verò de eo quod est , non
non de eo quod potest esse , agimus. Atque hæc quæ
in rebus sunt , minima sunt , si eis, quæ in cognoscente
sunt , obstaculis conferantur. Qui namque perfecta,
acutißimáque mente præditus esset , inculpatóque
sensu , forsan posset omnia vincere (vt tibi hoc gratis
concedam : licèt non poßit, etiam si perfectißima omnia
nactus sit). Sed nunc contrarium apparet. Secundum
igitur in definitione scientiæ erat, cognitio, in qua tria
spectantur. Res cognita , de qua suprà : cognoscens, de
quo infrà, & cognitio ipsa , quæ actus est huius in illam.
De hac nunc. Sed breuiter quãtum poterimus. Proprium
enim locum obtinet in tractatu de Anima. Et sanè
difficilima est , perplexitatisque plena animæ, eius fa-
cultatũ , actionúmque contemplatio: si qua alia. Præ-
cipuè verò in hac , quam more quærimus , cognitione.
Cùm nil dignius sit anima, nil excellentius hac vni-
ca cognitione. Quam si perfectã haberet , Deo similis
esset: imò Deus ipse. Nec enim perfectè cognoscere potest

quis,

Ens omniũ actionum principiũ.

In cognoscente plurima sunt ad sciendũ impedimenta.

In cognitione tria sunt.

Difficilima animæ cõtemplatio.

Cognitio perfectißima animæ facultatum.

quis, quæ non creauit. Nec Deus creare potuisset: nec creata regere, quæ non perfectè præcognouisset. Ipse ergo solus sapientia, cognitio, intellectus perfectus, omnia penetrat, omnia sapit, omnia cognoscit, omnia intelligit: quia ipse omnia est, & in omnibus: omniáque ipse sunt, & in ipso. Imperfectus autem, & miser homunculus quomodo cognoscet alia, qui seipsum non nosse potest, qui in se est, & secum? Quomodo abstrusissima naturæ, inter quæ spiritualia sunt, & inter hæc anima nostra, quæ clarissima, apertissima, quæ comedit, quæ bibit, quæ tangit, quæ videt, quæ audit, penitus non intelligit? Profectò quæ nunc cogito, quæ hic scribo, nec ego intelligo, nec tu lecta intellecta habebis. Iudicabis tamen forsan pulchrè & verè dicta. Et ego talia existimo. Nil tamen vterque scimus. Immeritò proinde ille, licèt doctissimus vir, Viuem absurdum vocat: quòd mentis naturæ perscrutationem obscuritatis plenam dicat. Imò ego, si illius opinio absurda est, absurdissimus esse volo: qui non solùm obscuritatis plenam censeo, sed caliginosam, scabrosam, abstrusam, inuiam, pluribus tentatam, nulli superatam, nec superandam. Forsan ille, vt erat acutissimo ingenio, facilem habuit. Et sanè perpulchrè, & scitè, vt pleraque omnia de quibus egit, animam persequutus est. Sed non omninò absolutè, non ex ordine, non totam. Pleraque protulit, quæ verborum ambitu exteriori mente decipiunt, famémq affatim ingesta retundere videntur. Quæ tamen, si penitiùs scruteris, tandem fucum produnt, rémque, vt anteà, difficilem relinquunt: vt suo loco ostendemus. Nunc autem quod ad præsens spectat negotium, subiiciamus. Quid cognitio?

Solus Deus perfectè cognoscit.

Item Plut. in Coloté.

Abstrusa naturæ homo nõ nosse potest.

Scaliger immeritò Viuem corripit.
Idé Heracli. vide Laerc. lib. 9. Et Plutarc. lib. in Colotem.

Scaliger in anima tractatione defectuosus.

tio? Rei apprehēsio. Q id apprehēsio? Apprehende tu ex te.
Nec enim ego in mertem omnia tibi possum ingerere. Si
adhuc quæris, dicam, intel ctionem, perspectionem, in-
tuitionem. Si adhuc de his quæris, tacebo. Non possum.
Non scio. Distingue tamen apprehēsionem, à receptione.
Recipit enim canis hominis speciem, lapidis, quanti: non
tamē cognoscit. Imò recipit oculus noster, nec cognoscit. Recipit anima sæpe, & nō cognoscit. Vt cùm falsa admittit:
cum tardo ingenio obscura offeruntur. Distingue etiā cognitionem propriè dictā, quam nunc descripsimus, quam
tamen nō cognoscimus ab alia impropriè dicta: qua quis
cognoscere dicitur ea, quæ aliàs vidit, & memoria tenet propriis signis ornata. Nam hac cognitione dicitur
puer cognoscere patrem & fratrem: & canis dominum,
& viam per quam iuit. Diuide denique omnem cognitionem in duas. Alia est perfecta, qua res vndique,
intus & extrà perspicitur, intelligitur. Et hæc est scientia,
quam nunc hominibus conciliare vellemus: ipsa tamen
non vult. Alia est imperfecta, qua res quomodolibet,
qualitercumque apprehenditur. Hæc nobis familiaris.
Maior tamen, minor, clarior, obscurior, variis denique
partita gradibus, pro variis hominum ingeniis. Hanc
duplicem faciunt. Aliam externam, quæ per sensus fit:
sensualem subinde vocant. Aliam internam, quæ à
mente sola, sed nihil minùs. Aliter hæc pensanda sunt.
Vnum cognoscens homo est. Vna cognitio in omnibus his.
Eadem enim mens est quæ externa, & quæ interna cognoscit. Sensus nil cognoscit: nil iudicat: solùm excipit
quæ cognitura menti offerat. Quemadmodum aër non
colores, non lucem videt: quamuis hos excipiat visui
offe

offerendos. Tria tamen sunt quæ à mente diuersimodè cognoscuntur. Alia omninò externa sunt, absque omni mentis actione. Alia omninò interna, quorum quædam sine mentis opera sunt. Alia non omninò sine hac. Alia partim externa, partim interna. Deinde, illa se per sensus produnt: ista nullo modo per hos, sed immediatè per se. Hæc denique partim per hos, partim per se. Explicemus hæc. Color, sonus, calor non possunt menti per se offerri, vt ea cognoscat, nisi sui speciem (per receptionem specierum nunc sensationem fieri recipiamus) organo ei recipiendæ apto imprimant, quæ eadem, vel sibi similis alia menti offertur, vt eam cognoscat, aut rem, cuius illa est speci , per illam. Quæ autem ab intellectu ipso omninò fiunt, quorúmque ille pater est, & quæ intus in nobis sunt, nõ per alias species, sed per seipsa se produnt & ostendunt intellectui. Talia sunt plurima quæ sibi ipse fingit: vt etiam cùm pluribus discursibus aliquid noui excogitat, concluditque: & cùm intelligit ipse intellectionem suam: & cùm coniunctiones, diuisiones, comparationes, prædicationes, notionésque in se facit, ad eáque animum aduertens cognoscit per seipsa. Secundi autem generis sunt omnia interna cum intellectu eadem, quæ tamen sine eius opera fiunt, aut sunt: vt voluntas, memoria, appetitus, ira, metus, & reliqua pathemata, & quidquid aliud internum est, quod ab ipso intellectu cognoscitur immediatè per se. Sunt denique plurima quæ partim per sensus ad eum deueniunt: partim ab eo fiunt. Canis, magnetis natura nullo modo sensu capi potest. Vestita ergo colore, magnitudine, figura, per sensus ad animum defertur. Hic eam illis spoliat

accidẽ.

(marginal notes:) Tria à mente diuersimode cognoscuntur. Quæ menti per speciem offeruntur. Quæ per seipsa intellectui obiciuntur. Quæ partim ad intellectum veniunt, partim ab eo fiunt.

accidentibus Quod reliquum est considerat, versat, confert:deniquc naturam quandam sibi fingit communem, vt potest. Intelligentias in cœlis mihi inculcant isti Philosophi. Ego audio quid dicant: sed non intelligo. Quamuis aliquid fingo, quod intelligentiam mihi referat. Aërem tactu vtcumque percipio: sed sanè nullam habet imaginem in mente mea:nisi quandam, quam ego mihi finxi, corporis cuiusdam quasi incorporei: nescio quid. Vacuum eodem modo cogito. Infinitum comprehendo, nunquam finem comprehendendo: sed in media eius cogitatione quiesco coactus, cogitans, infinitum esse, quod in infinitum addendo, in infinitum imaginando, nunquâ apprehensione terminabo. sic speciem fingo terminatâ quidê, sed cuius neutra extremitas terminata & perfecta est, sed quasi defectuosa, cum hac notione, quòd non terminata sit, nec terminabilis: quia ei in æternum addi possunt partes infinitæ ex vtroque extremo. Quid facias? Misera est conditio nostra. In media luce cæcutimus, sæpe lucem cogitaui, semper incogitatâ, incognitâ, incomprehensam reliqui. Idem est, si voluntatem, intellectum, aliáque, quæ sensibus non percipiuntur, contempleris. Certus quidem sum, me nunc hæc, quæ scribo, cogitare, velle scribere, & optare vt vera sint, & vt à te approbentur:non tamen hoc nimis curare: sed cùm considerare nitor, quid sit hæc cogitatio, hoc velle, hoc optare, hoc non curare, sanè deficit cogitatio, frustratur volûtas, increscit desiderium, augetur cura. Nil video, quod captare, aut apprehendere possim. Et quidem in hoc superatur cognitio, quæ sine sensu de internis fit, ab ea, quæ de externis per sensus habetur:in hac enim habet intel-

H   lectus

[marginal notes:]
Plurima fingenda.

Infiniti figuratio.

Collatio cognitionis quæ per sensus, & eius quæ sine sensu sit.

lectus quid captet, hominis scilicet, lapidis, arborisque
figuram, quam à sensu hausit: vidéturque sibi hominem comprehendere per eius imaginem. In illa verò,
quæ de internis fit, nil inuenit quod comprehendere possit: discurrítque hinc, inde, more cæci palpans, si quid tenere queat. Et id tantùm. Contrà autem certitudine
vincitur cognitio, quæ de externis per sensus habetur, ab
ea, quæ his, quæ aut in nobis sunt, aut à nobis fiunt, trahitur. Certior enim sum, me & appetitum habere, & voluntatem: & nunc hoc cogitare, modò illud fugere, de-
testari, quàm templum, aut Socratem videre. Dixi, de
his quæ in nobis aut sunt, aut fiunt, nos esse certos: quod

Ea quę di-
scursu inue-
niuntur, in-
certum an
sint.

in re sint. Nam de his, quæ discursu, & ratiocinatione
de rebus iudicando opinamur, & colligimus quòd ita in
re sint, vt nos iudicamus, incertißimum est. Certiúsque
multò mihi est, chartam hanc, cui inscribo, & esse, & al-
bam esse, quàm eandem ex quatuor elementis compositam: & hæc in ea actu esse: & formam aliam ab illis
eam habere. Denique, si ea quæ in nobis sunt, aut à no-

Certißima
cognitio à
sensu. Incer
tißima à ra-
tione.

bis fiunt, demas: certißima omnium cognitio est, quæ per
sensus fit: incertißima omnium, quæ per discursus. Nam
hæc non verè cognitio est: sed palpatio, dubitatio, opi-
natio, coniectatio. Ex quo illud rursus emergit, scien-

Scientia nõ
est quę per
syllogismos
habetur.

tiam non esse, quæ per syllogismos, diuisiones, prædicationes, & similes alias mentis actiones habetur. sed si fieri
posset vt, quemadmodum externas rerum qualitates

Quomodo
scientia ha-
beri debet.

quomodocumque sensu percipimus, sic internam rationem cuiuscumque rei amplecteremur, tunc verè scire
diceremur. At hoc nullus vnquam potuit, quòd sciamus.
Vnde nihil scimus. De cognitione porrò, quæ de internis:

& de

& de alia, quam non cognitionem, sed opinionem voco: quæ per coniunctiones, negationes, comparationes, diuisiones, & alias mentis actiones sit, suo loco amplius
agetur, vbi vtriusque inscitia manifestabitur. Nunc
autem de ea solùm, quæ de externis per sensus habetur,
nonnihil dixisse sufficiat. In hac duo sunt media: quandoque tria, aut quatuor: sed duo semper, per quæ sen-
satio fit: siue illa intrò, siue ex tramißione fiat. Nec enim
nunc id nos morabitur. Alterum internum, oculus. Alterum externum, aër. An per hæc aliquid perfectè cognoscitur? Nequaquam. Nam non per aliud cognosci debet, quod perfectè cognosci debet: sed per seipsum ab
ipsomet cognoscente immediatè. Nunc autem rerum
substantia per accidentia, quæ sensibus percipiuntur, se
prodit: aut contrà his se abscondit. Mens, de rerum substantia per fallaces sensus informatur, aut aliàs decipitur. Quomodo ergo perfectè aliquid scire poßimus? Atque de substantiis rerum scientia esse debet; ex te. De accidentibus verò an perfecta cognitio? Hoc minus. Iuua-
bat vnum, quòd scilicet percipiuntur sensu. Nocent
plura, quòd nil penè sunt: quòd ad mentem nec ipsa per-
ueniunt, sed earum imagines solùm: quòd denique sensum sæpißimè fallunt. Hoc propter medij, tam externi,
quàm interni, varietatem in substantia, situ, & dispo-
sitione. sufficiat de vno, aut altero sensu dixisse. De
visu. Qui etiamsi perfectißimo organo fiat, & sensuum
certißimus, nobilißimúsque sit, sæpißimè tamen fallitur. Externum medium varium esse solet: variè
proinde sensum afficit. Aër, commune, res videtur melius referre: omnis enim coloris expers apparet. Aqua

In cognitio-
ne quæ per
sensus, duo
sunt media.

Non per
aliud cogno-
sci debet
quod perfe-
ctè cogno-
sci debet.

De accidē-
tibus quare
nō perfecta
cognitio.

Accidentia
s pe nos
fallunt.

Visus per-
fectißimus
sensuum.

Varia media
per qu. vi-
sus fit.

aliter repreſentat.Hæc naturalia. Artificialia plurima,
vitrum,cornu deraſum,criſtallus,& ſimilia. Cui horũ
credes?Viſu non ſolùm colores diſcernuntur, ſed magnitudo,numerus,figura,motus,diſtantia,aſperitas,lu-
ciditas:& quæ ad hæc referuntur:vt æqualitas,ſimi-
litudo,velocitas:& horum contraria. Aqua, obſcura
reddit corpora,bina,maiora, aliàs minora , alterius figura,craſſiora,mobilia,læuia.Nec ſemper hoc, ſed aliàs
aliter.Aër quandoque craſſa,in Auſtro,obſcura,magna,
duplicia in Echo, in Sole,in Luna:quandoque contrà.
Quin & picta quandoque ſculpta,viuáque apparent:
ſculpta quoque ſæpiſſimè viua.Vitrum,cornu, & cri-
ſtallus vt lubet,maiora,minora:craſſa,tenuia:eiuſdem
coloris, varij coloris:pro artificis denique voluntate.
Hinc tot ſpeculorum, ſpecillorúmque diuerſitates.Quod
horũ melius refert,& verius? Neſcias certò.Si aërem
dicas,& negauero,non probabis.ſed volo. At quandoque maiora,aliquando minora refert. De colore multò
maior dubitatio.Quando illi credendũ? Quãdo naturæ
ſuæ magis propinquus,minusáq̃ ab extraneo affectus. At
quis illius naturam nouit?Quis ſimplicem vidit? Perpetua mutatio à Sole,Luna,& aliis ſupernè: infernè,
terra,aqua,& mixtis.De vitro & aqua idem cenſen-
dum:imò difficilior ſolutio.Duo enim ſunt externa media in viſu,qui per vitrum aut aquã fit,aër,& illa.
Monetam vaſculo lato impone:humi reſidere fac vas:
à quo eò te ſemoueris,donec monetam non videas am-
pliùs.Tunc iube aqua impleri vas:videbis ſtatim mo-
netã,& maiorè quàm anteà.Cur nõ poteras anteà per
aërem videre,cùm per te optimũ ſit medium?Cur nunc

maior

maior apparet moneta? Nescimus. Opinari licet aliquid
tantùm: & nos id dicemus cùm ad rerũ examen ven-
tum erit. Atque hæc de substantia externi medij: ad quã Qur ad sub
etiã referuntur crassities, vel tenuitas, magnitudo, vel stantiã me-
paruitas, figura hæc, vel illa medij, per quod videtur dij externi
aliquid. Hæc enim quamuis in aëre non omnia reperiã- referantur.
tur: tamen in factitiis mediis multùm variare faciunt
rem visam. Crassum enim vitrũ aliter ostendit, quàm
tenue: quadratum aut rotundum aliter, quàm trian-
gulare: magnum aliter quàm paruum. Ostendunt id
variæ fabricata cristalli, vitríque normæ, per quas res
erectas, vel inuersas, huius, vel alterius coloris, figu-
ráq̃ videas: denique diuersas ab eo quod sunt. Mul-
tum mare & ipsum cæruleum conspicitur, & quæ sub
eo sunt, eodem colore notat. Paucum contrà album.
Quomodo fit id? Nescis. Nec ego. Situs rei varius va- Situs rei
riare solet etiam sensum. Medij itidem. In specillis id varius, va-
manifestum est: si oculo admoueas aliter referunt, riare solet
quàm si paululum remoueas. In aëre non minùs. Lu- sensum.
cerna cominus æqualis apparet, oblonga, quieta, parua,
fulua: eminus rotunda, radians vndique, & inæqualis,
scintillans, & mobilis (vnde Aristot. demonstrationem Aristot. De-
suã assumpsit, vt probet Planetas esse prope nos: quia nõ monstratio
scintillant) magna, clara, & sine colore. Quæ longè sunt, de propin-
obscura apparent, parua: quæ propè nimis, aut non vi- quitate Pla-
dentur, aut aliter quàm sunt. Quid facies? Medium netarũ vnde
tenendum. Vbi est medium illud? An ad duos pas- occasionem
sus, aut quolibet alio certo numero? Qui longè à sumpsit.
nobis est, etiamsi celerrimè currat, tamen lentè ad
modum moueri videtur: præcipuè si deorsum ex

alto, aut contrà inspicias. Quæ sensim fiunt sensum effu-
giunt: vt radij motus in horologio. Quomodo certò iu-
dicabis? Ignoras. Magis ego. Nec verò hoc parum scire
refert. Hinc enim emergit perpetua dubitatio de magni-
tudine stellarum: vt de distantia, de celeritate, de loco
taceam: quæ omnia inde videntur pendere. Quæ enim
ad munus habemus, licet vtcumque identidem, & di-
uersis sensoriis, si communia sint, explorare, & certiùs
proximè cognosse. At illa quis potest? Nec illa solùm, si è
longè baculum aqua semi immersum videas, contor-
tus, aut refractus apparebit. Dices integrum tamen esse:
quia alias expertus es. At fractus sit, apparebit nihilo-
minus fractus. Non enim hîc valet contrariorum ratio.
Asseres integrum esse, superiori ratione: & tamen fal-
sum est. Quid facies, nisi ab aqua extrahere possis? Du-
bius manebis. In coloribus verò quantum intersit situs,
ostendit Iris, vitrū aqua plenū, columba variegata, se-
rica tela ex diuersis contexta coloribus, vicinitas corporis
splendentis alterius coloris (vt etiam, si plano perpendi-
culariter imponas auream, argenteamvé laminam: mul-
tóque magis si deorsum inclines): quæ omnia huc atque
illuc mota varium admodum referunt colorem. In quo
situ verum ostendere colorem dices? In eadem parte
modò ruber, nunc fuluus, dein cæruleus. Quis horum pro-
prior? Dubitare tantùm licet. Numerum autem, figu-
ram, motum, magnitudinémque à vario variari situ,
(quoad sensum intelligimus, nō in se) non est quòd pro-
lixiùs ostēdamus: cùm id quotidiano vsu experiri possis.
Atque sufficiant hæc de situ. Externi medij variam
dispositionem ea, quæ per id referuntur, variare est ne-
cesse.

Marginal notes:

Situs colores variat.

Numerus, figura, motus, magnitudo, à situ variantur.

Varia dispositio externi medii sensum variat.

cesse. Iam partim diximus. In crasso aëre obscura apparent omnia, parua. In tenui contrà. In prato omnia viri-
dia fiunt. Circa rubra, aut crocea, his notantur corpora.
In multa luce videre nõ licet: præcipuè alba, aut maximè lucida corpora. In tenebris minùs. Circa has, vel illam, dubiè, & fallaciter. Quod medium? Designa tu. Sed
& in aëre, artificioso igne illustrato, alij ac alij videntur colores, aliaq́, figuræ, pro materia ignis varietate. Si
medium vitrum sit, aut cristallus, pro horum coloribus,
variisq́, figuris, & consistentia, aliter, atque aliter res
significantur. Hæc media sunt, per quorum medium res
videntur. Alia verò per superficiem ostendunt. In his
nulla constantia. Quot figuræ monstrosæ, ridiculæ, multi-
plicatæ, inuersæ, truncatæ? Quid nõ fingunt specula? Quid
de his iudicabis? An figuram vides illam? Non est:
quomodo videas? Vides tamen: quomodo id? Non sine
ratione ignoras. Transeamus iam ad internum medium, in quo tot contingunt difficultates. Elato oculo
vno, aut in transuersum deducto, (quanquam aliter
Arist. senserit) bina res apparent. Vnde mirum, quòd
qui strabismo laborant binas res omnès non videant.
Sed rationem in rerum Examine reddemus. Idipsum
illud contingit, si in latus recumbens, corpus aliquod coram te habeas, quod inferiorem oculum cooperiat. Tunc
enim superior oculus omnia, quæ infra corpus illud sunt,
percipiet: alter verò solum corpus illud: nec distinctè,
sed nubis modò. sic altero, quæ post corpus sunt, inspicien-
te, altero ipsum corpus, simul videmur videre corpora
duo, quorum vnum supra aliud est. Facilius autem id
experieris, si oculum vnum ad externum angulum
mouens

In mediis
quæ per su-
perficiem
ostendunt
nulla con-
stantia.

In interno
medio tot
difficulta-
tes, quot in
externo.

In transuer-
sum ductus
oculus bi-
nas res re-
fert.

mouens , quæ à latere sunt respicias. Tunc enim altero
oculo illuc vergente, nasus se obiicit videndus , appa-
rétque umbræ modo ea, quæ ab altero oculo videntur,
superinducere. Eodem modo si digitum oculis præsentes,
non tamen eum inspicias : sed ad ea, quæ aut post eum,
aut ad latera sunt, animum vertas, duplex nihilomi-
nius apparebit. Idē continget, si ambos oculos ad nasum
vertas: duplicia omnia videbūtur. Moto oculo uno,
quæ videntur, moueri videntur. Imò ex duabus appa-
rentibus rebus, altera mouetur, quiescente alia. Sed &
altera ad dextram , ad læuam altera mouetur, si li-
brum inspiciens, oculos per seipsos sine digiti adminiculo
iugiter moueas, lineas solùm respiciens non legendo. Ac-

cedit etiam ad hæc oculi situs profundus, vel eminens,
natura, aut casu. Quorum maxima in videndo diuersitas. Multóque magis , si altero profundo, alter eminens sit. Si quoque elatior alter, alius depressus : sed hîc
manifestus error. Illic autem, ubi uterque aut profundus, aut eminens, nullus. Ad situm etiam refertur ma-

ior, aut minor palpebræ commissio, aut apertio. Si lucer-
nam inspicias cònniuentibus oculis, apparebunt plurimi
radij ad oculos protendi : mouentúrque ad motū palpebræ: si omninò aperias, quiescunt, nec tam longi sunt.

Sufficiant hæc exempli causa: ex quibus tu alia complu-
rima cōiectari, expeririá̗ poteris. * Colores à vario oculi situ non minùs, quàm à vario rei videndæ, mediiá̗
situ mutantur. sed iam dictum est. Hæc tu forsan mi-
nimi facis: nec scientiam impedire posse cogitas. At longè aliter res habet. * Mouerunt enim hæc illos, ut & de
omni quod sensibus apparet, dubitarent: & crederent,

colores

colores non in rebus permanentes esse: sed à luce fieri,
variarique. De quo alibi dictum à nobis est, vt vide-
bis. sed iam pergamus ad substantiam. Interna media Interna me
dia quinq;.
quinque numerantur à Philosophis, visus, tactus, gu-
stus, auditus, olfactus. Diuersæ horum omnium substan-
tiæ. Proinde & diuersæ etiam res ab eis percipiuntur:
sunt tamen quædam communes. tetigimus suprà: ma-
gnitudo, numerus, figura &c. Percußionem vnam vi- Pro varia
medij interni fubftātia
varia eft cō
gnitio.
det oculus: binum audit ictum auris: si non vidisset
oculus, sine dubio duos iudicasses fuisse ictus. Esto cæcus:
percutiam bis: aut ego semel: alius autem procul à me,
statim post me, quasi alter Echo. Dices ab aliquo mo-
nitus, si nunquam vidisti, Echo esse: & falsum. Imò
vide. Iubeo alium clàm post me percutere. Dices Echo.
non est. Currente equo iudicat sæpißimè auris duos esse.
Aut si duo sint, æquali tamen gradiantur passu, vnum:
imò oculus, si è longe sit: si plura sint quæ moueantur,
magis vtrumque fallitur. In magnitudine non minùs.
quod oculus paruum, auris magnum: & contrà. In fi- In figura, &
magnitudi-
ne magis
decipitur
ocul' quàm
tactus.
gura multò magis decipitur oculus, quàm tactus: quem-
admodū & hic minus, quàm ille in magnitudine. Quæ
propè sunt, distantißima quandoque videntur visui,
& auditui: magis tamen huic: alias contrà. Non minus
fallitur tactus in distantia: cui si magnum calidum
adsit, etiamsi longè: tamē propè iudicat esse, propter ma-
gnam impreßionem. Naribus quoque sæpißimè impo-
nitur. Quid multa profero? Nil certius sensu: nil eodem Nil certius,
nil fallacius
fenfu.
fallacius. Cui credes? an auri? an oculo? Lupum auribus
tenes. sequere. Accedit maximum: horum omnium in- Senforiorū
varia difpo
fitiones fen
fum variāt.
strumentorum varia dispositiones, quæ vtplurimum

nos aberrare cogunt. Varij oculorum colores, varia temperamenta, consistentia, substantia, quantitas, situs, perspicuitásque spirituum, & humorum, qui in eis habentur, an non maximam diuersitatem pariunt in videndo? Quòd si medicè magis agatur, tunicarum substantia, optici nerui eadem, & quantitas spirituum, humorúmque hæc omnia, & perspicuitas, quantùm visum variare solent? sæpe ab externa causa muscas, floccos, aranearum telas, & similia videre videmur: cùm tamen non sint. Oculo inflammato, omnia rubra apparent: bile perfuso, citrina: si humor pupillæ incumbat, perforata, aut velo obducta, aut magna, aut parua, aut dupla, aut obscura. Vitia hæc sunt morbosa: sed sanorum alij longè, alij propè: alius clariùs, obscuriùs alius: hic magna, ille parua: hic rubra, ille crocea videt. Nullus deniquc aut perfectè, aut eodem modo vt alij. Quid ergo prohibet per oculum tot obnoxium mutationibus, imò & in se tam varium, per aërem non minùs, imò magis mobilem, & incertum, res varias, incertas, instabiles, aliter atque ipsæ sunt, nos percipere? perpetuò falli? nunquam certi aliquid deprehendere, nec proinde asserere posse? Oculus verò omnium sensorium præstantißimum, certißimúmque est. Quòd si ad alia te conuertas, multò maius dubium. Quomodo quod calidum semper est, de calido aut frigido rectè iudicabit? sumus autem semper calidi. Qua ratione fit, vt, qui in termis, aut balneis arte factis sunt, frigidam iudicent vrinā, & aquam tepidam: falsò per te. An non quæcunque tangimus, aëri exposita sunt, & ab eo afficiuntur? an non ab eodem nos perpetuò afficimur? an non & hic

Quod calidū semper est, de calido & frigido iudicare non potest.

Ab aëre perpetuò afficimur. Aër à supernis & infernis.

ab

ab aqua, terra, & astris? Quid igitur cogit, aquam frigidam dicere? Quid aërem calidum? Multùm calidis,
minus calida frigida apparent. Tales forsan sumus nos.
Ergo aqua calida. Hyeme, quia à frigido maximè afficimur externo, nuper hausta à fonte aut puteo aqua
calida apparet, quia minùs frigida: æstate quantum-
cunque calida, aër, si curras, vel flabello moueas, fri-
gidus videtur: cùm tamen per te calidus sit: & tunc
temporis multò magis. Quid ergo caliditas? Quid frigiditas? Vt videamus quæ calida sint, aut quæ frigida,
ratio nil hîc potest. Quis eorū rationem nouit? Nullus.
Sensibus committendum iudicium. At etsi sensus optimè perciperet, discernerétque qualitates illas: non tamen proinde sciret: sed solùm cognosceret, quemadmodum rusticus asinum suum à vicini boue, aut
suo distinguens. Nunc autem nec hoc præstare potest tantùm. Quid ergo scimus? Nihil. Discurre per alios sensus. Minùs. At hæc est potior cognitio nostra Quid faciet mens sensu decepta? Decipi magis. Falso vno supposito, plurima infert: hinc alia (paruus enim error in
principio, magnus est in fine). Tandem vbi falsitatem
videt, (veritas namque vnica est, & sibi constans)
regreditur: quærit locum defectus causam. Non inuenit:
suspicatur hoc, vel illud medium. De hoc iterum quærit,
an verum, an falsum. Nosse non potest: quia supra sensum est. Probabiliter agitat. sic in infinitum. nulla conclusio. perpetua dubitatio. Age, in te experire. Non
impono. si tecum essem: facilè verbis ostenderem omnia
dubia esse: at charta non tot patitur: & properamus ad
rerum examen: in quo experientia hoc indigitabo. Ex

I 2 supe

superioribus potuisti vtcumque videre. melius deinceps videbis. Insequor definitionem meam. Iam dictum est de re: & de mediis ad cognitionem : nunc de cognoscente. *Quot in hoc ignorandi occasiones? Innumeræ. Vita breuis: ars vero longa, imò infinita: aut potiùs ea quæ arti subiacent, aut quibus ars subiacet. Occasio autem præceps: experimentum periculosum: iudicium difficile. Nec verò solùm seipsum præstare oportet oportuna facientem: sed & assidentes, & exteriora. Mirum, diceres Aphorismum in nostri gratiam factum fuisse, in quo difficultates eius, qui aliquid scire debet, proponuntur: quas tu partim iam vidisti, partim videbis nunc. sic incipiamus ab incipiente homine: hunc enim in Aphorismo, per eum, qui oportuna facit, intelligimus. Semel natus hic cerea moles est, ferè omnis capax figuræ, tam in corpore, quàm in anima: sed magis in hac. Ita vt non malè tabula rasæ, in qua nihil pictum est, conferatur: nec tamen omnino benè, in ea omnia depingi posse, asseratur. Nec enim omnes ad literas apti sunt, etsi omnia necessaria illis subministrentur. Atque an in anima depingi possent rerum naturæ? infiniti? vacui? Non videtur. Nunc autem non est. Duo ergo in nuper nato sunt: nil actu impressum: potentia plura, vel pauca: hæc, vel illa. Omnia, nulli. Est hæc passiua potentia tantùm: cui opponitur passiua alia impotentia: qua quis pluribus, vel paucis, his, vel illis omnino ineptus est. His duabus communicant nobiscum etiam bestiæ aliæ. Quippe psyttacus prima illa potentia sermones imitari potest humanos: quos simia secunda impotentia non potest. Hæc contrà, prima potentia plurima*

ad

Marginalia:
- Innumeræ in cognoscente ignorandi occasiones.
- Hyp.1. Aphor.1.
- Semel natus cerea moles est.
- Non omnia in anima depingi possunt.
- Duo in nuper nato.
- Passiua potentia.
- Passiua impotentia.

ad hominis imitatione exequitur, quæ pfyttacus ob fe-
cundam impotentiam nequit. ſic inter homines hic ad
Grammaticam ineptus omnino: ad nauigationem maximè aptus. Ille contrario modo. Eſt autem nobis potentia actiua, qua carent bruta, quáque ſcientiæ inueniun-
tur, & artes. Sed de hoc, vbi de Anima, latiùs agetur.
Nunc ſufficiat adduxiſſe hæc, ad ea quæ ſequuntur,
intelligenda. Quàm pauci ergo ex tot hominum milli-
bus ſcientiis apti ſunt, etiam his quales habemus?
Vix vnus, aut alter: perfectæ autem nullus. Oſtendo.
Perfectus homo ſit oportet, qui perfectè aliquid ſcire
debet. An aliquis talis eſt? Quòd verò talis eſſe debeat,
vide. Animam tu quidem dicis in omnibus æquè perfectam (eius naturā ignorans, vt alibi monſtrabimus):
corpus verò in cauſa eſſe cur hic doctior, ille minùs, ille
nullo modo. Volo. An anima noſtra ſatis perfecta eſt,
vt aliquid perfectè ſciat homo? Non. ſed ſit. Cui ergo
minùs perfectū corpus eſt, minus perfectè ſciet: cui magis,
magis: cui maximè, perfectiſſimè. Hoc enim rationabilius videtur colligi ex te, quàm contrariū. Cui datū eſt
perfectū corpus? Nulli: vel clamāte medico: aut ſi dare-
tur, nō niſi per inſtans duraturū. Quod ſi neges, nō probabo tūc: aliàs probaturus. Petā tamen aliquod à te:
& ſcio quòd nō dabis. Ignoras enim, vt & ego. Perfectiſ-
ſimū autem cum Gal. voco corpus, quod temperatiſſimum, quod pulcherrimum. Atque ille temperatiſſimum
tantùm (licet & compoſitionis meminiſſe debuiſſet, propter inſtrumentarias actiones) perfectiſſimas edere ope-
rationes omnes vult. Inter quas intellectio, à qua ſciētia pendet, primas tenet. Sed & id ratione fulcitur.

I 3   Fuére

Potentia
actiua.

Pauci apti
ſcientiis.

Perfecta co
gnitio per-
fectum re-
quirit ho-
minem.

Anima no-
ſtra ſatis per
fecta nō eſt
vt aliquid
perfectè
ſciat.

Nullus ho-
mo perfe-
ctum cor-
pus habet.

Quid per-
fectiſſimū
corpus.

Intellectio
actionum
omniū per-
fectiſſima.

Plato etiã
3. de Repub.

Bonus me-
dicus mor-
bos omnes
pati debet.

Melius
morbos in
aliis cura-
mus, quos
experti in
nobis su-
mus.

Fuêre medicorum quidam, qui asseruêre, medicum,
vt perfectus esset, omnes morbos prius pati debere,
quàm perfectè de his iudicare posset. Et non videtur
omnino inepta opinio: licèt satius esset tunc non esse medicum. Nam quomodo de dolore sententiam feret rectam, qui nunquam doluit? Quos autem & dolores, &
morbos in nobis ipsis experti sumus, melius in aliis &
dignoscimus, & curamus. sic quomodo cæcus, aut luscus,
de coloribus? surdaster, de sonis? paraliticus, de tactilibus qualitatibus iustum ferat iudicium? Perfectè ergo
videat oportet, qui de coloribus: audiat, qui de sonis:
palpet, qui de tactilibus: gustet, qui de gustabilibus: moueatur, qui de motu: digerat, qui de digestione: doleat,
qui de dolore: imaginetur, qui de imaginatione: memo-
retur, qui de memoria: intelligat, qui de intellectione
perfectè iudicare velit. Aliàs, vt inquit Gal. erit nau-
ta ex volumine: qui securus in scamno sedens, optimè
portus, scopulos, promontoria, Scyllas, & Charybdes de-
pingit: denique nauem per culinam, aut super mensam
optimè ducit. si verò mare conscendat, eique clauum
triremis committas, in scopulos, in Scyllas, in Charybdes,
quas tam benè norat anteà, infliget. Aut vt ille, qui in
foro deperditum asinum, aut canem, proprius describens
signis, proclamat: quem tamen si coram habeat, non cognoscat. Et hac ratione dicitur Christus Dominus mi-
serias humanas subire voluisse: vt expertus calamita-
tes nostras, magis misereretur. Melius enim qui pauper
aliquando fuit, pauperi, qui captiuus, captiuo, qui denique miser, misero: quàm qui nunquam pauper, captiuus,
miser, illi, isti, huic, compatitur. Perfectissimum ergo

cor-

corpus requirit perfectissima cognitio. sit hæc vltima
ratio. Perfecta omnia perfectis gaudent, à perfectis fiut,
& per perfecta. Quid perfectius creatione? A solo perfecto, perfectione ipsa, Deo sit. Quo medio? Perfectissima eius potentia, quæ sola perfectissima, quia infinita
sola, quia ipse Deus. Reliqua omnia perfectiora à per-
fectioribus fiunt. Quæ à corporibus cœlestibus fiunt, ab
imperfectiori fieri non possent. Ratio horum omnium.
Agens, in passum vtcunque abit, transit. Quodlibet
enim cupit in se aliud transformare. Quod non potest,
nisi se illi communicet. Dúmque hoc agit, ab alio repa-
titur: dum hoc conseruare se in suo esse conans (quod
etiam inditum est omni enti: vnde & illud sequitur,
velle scilicet in se aliud conuertere: ne sui vnquam finis eueniat) partim resistit: partim, aliud in se conuertere etiam volens, quantum potest suam in agens extendit, & exercet potentiam, imprimítque vim: sed
quia inferius illi viribus est, vincitur in pugna, cogi-
túrque alterius vexillum sequi, & se in illud inserere,
primo exuto habitu. Si ergo agés perfectum est: & actio
perfecta esse debet: & media ad actionem exequen
dam: & patiens quod actionem recipit, in quantum
hanc recipit: licèt aliter imperfectum sit. Quòd si actionem nonsequatur patientis conuersio in agens, saltim
opus, quod à tali actione fit, perfectum à perfecto agente est, imperfectum ab imperfecto. Orta enim, vt dicunt
medici, attestantur suis principiis. Quod quid est, id agit:
& quale quid, tale agit, mediis vbique idoneis. Talia
sunt quæ agenti similia. sic enim meliùs ambo in patiens conspirant. Perfectum ergo agens meliùs perfectis
adiu

Marginalia

Perfecta omnia perfectis gaudent ad perfectis, & per perfecta fiunt.

Agens in passum trāsit.

Causa repassionis.

Omni enti inditū est se conseruare.

Passio fit ob debilitaté.

Agens perfectū actione, & opus edit perfecta.

Orta attestantur suis principiis.

Media idonea sūt quæ agenti similia.

adiutum instrumentis, & mediis, in patiens aget, opusq; intentum peraget, quàm imperfectus. Vide id in omnibus, tam naturalibus, quàm voluntariis actionibus.

Sol perfectissimum om̃ium corporum.

Pythago. & Aegyptij. vide Laërt. 8. & Plutar. de Amore.

Sol perfectissimum omnium corporum (vnde plurimi Deum illum existimarunt) quam edit actionem? Perfectissimam: similem Dei actioni. Hic enim creat: ille generat omnia: qui secundus est à creatione gradus. sed differunt.

Differētia inter creationem, & generationem.

Nam Deus à se, solus, ex nihilo, & sine medio, aut instrumento creat. Sol à Deo potentiam habens, cum homine, ex semine, & medio calore hominem generat. licèt quandoque etiam sine congenerante plurima solus generet, vt murem ex stercore, ranam ex puluere cum pluuia, locustam, pulicem, culicem, lacertam, scarabeum, pediculum, & plurima alia animalia: & inter plantas philitidem, ceterach, politrichum, adianthum, lichenem, pulmonariam, viscum, fungum: & inanimata omnia, aurum, argentum, lapides, gemmas omnis generis: & elementa ipsa ex seipsis inuicem. sed obiicies forsan Solem corrumpere etiam: quæ est pessima actio, & imperfecta, si generatio perfecta est. At non ita habet.

Sol nō corrumpit primò.

Nec enim corrumpit, sed dum generat, necessariò corruptio sequitur. Quòd autem generet primò, patet.

Ens prius est nō ente, & actus priuatione.

Prius enim est ens non ente: actus priuatione, dignitate, præstantia, & natura. Corruptio autem non ens est, priuatio, destructio huius entis, nihil. Ergo prior generatio corruptione. Ergo ad illam sequitur hæc: non contrà. Ergo generat Sol primò: corrumpit ab euentu, & ex consecutione. Quod inde etiam manifestum fit.

Nullū ens nihilum intendit, neq; malū perfe.

Nullum enim ens propter nihilum agit, aut nihilum intendit.

intendit. (*Vnde & neque malum per se : malum enim priuatio boni est, quasi nihil*) *omnia namque propter finem. Nihil autem sinis enti esse non potest. Finis enim perfectio est : quæ inter entia primas occupat. Nihil priuatio, destructio, defectus, mera entis negatio. quo alio quàm infestißimo nihili nomine nil ipsum vocabo? omnino perfectioni, entique oppositum, inimicum. Nil denique. Quis illud intendet? quis quæret? Omnia naturaliter id fugiunt. Nil me, præter hoc nihil, perterret, tristat, animo prostrat : dum cogito, me aliquando illius aulam inuisurum : nisi fide, spe, & charitate comitata, metum hunc, nihilque, simul eius causam, destrueret, méque confirmaret, post compositi huius dissolutionem, indissolubilem cum Deo Opt. Max. nexum promittendo. Sol ergo perfectißimum omnium corpus, corruptionem intendat, efficiat? Generat ergo. Quo medio? Calore, omnium qualitatum perfectißima, præstantißima, actuosißima. Videbis hoc in rerū Examine. Lucem tu etiam addis : sed ego non consentio. Tamen pro me stat. Illustrißima res est lux, amicißima, charißima. Vitam huic conferunt : vt mortem tenebris. Exhilarat nos. Ea media pulcherrimas omnium res cognoscimus, plurimas. Deus se lucem vocat. Sine luce cæcutiamus, obdormiamus, obmutescamus, tanquam mortui vagemur, nec solùm nos discernentes, nedum rerum naturas cognoscentes. Vides quantum in tenebrosa, nubilosáque nocte silentium? Penè alterum chaos videtur, mors. Sanè sine luce viuere nollem. Vtriúsque parens Sol, vtroque, calore scilicet & luce, ad genera-*

Finis perfectio est.

Omnia fugiunt nihilum.

Calor oīm qualitatum perfectißima.

Sol nõ agit luce.

Luce media pulcherrimas res cognoscimus.

K   *tionem*

tionem *vtitur*, *vt tu vis*. *Quòd vero non ad cor-*
ruptionem, *oſtendunt hæc eadem*. *Accedente ad nos*

Sole omnia reuiuunt, *renaſcuntur*, *pullulant*, *germi-*
nant, *frondeſcunt*, *florent*, *fructificant*. *Animalia fri-*
gore torpentia, *& ſemicorrupta*, *omninóque corrum-*
penda, *ſi diutius abfuiſſet aſtrum*, *è latebris exeunt*,
ad motum promptiora fiunt, *lætantur*, *currunt*, *ſal-*
tant, *geſtiunt*, *canunt*, *ad generantis aſtri aduentum*

apta generationi fiunt, *in hanc læta feruntur*. *Deni-*
que ver & æſtas generatio ſunt, *& vita*. *Ego tunc*
ſolùm viuo. *Abeunte autem à nobis dextro Dei ocu-*
lo, *(ſic enim Solem libet vocare)* *omnia languent*,

torpent, *labuntur*, *pereunt*. *Quid autumnus & hyems*
niſi perpetua mors? *Mortem frigidam*, *gelidam*, *rigi-*
dam, *horridam*, *pallentem vocant poëtæ*, *& meritò*.

Mors à fri-
gore:vita à
calore fit.

Vitam contrà floridam, *virentem*, *vegetam*. *Mors à*
frigore eſt: vita à calore: calor à Sole. *Hic ergo per-*
fectiſsimus omnium corporum, *perfectiſsima omnium*
qualitate, *calore*, *perfectiſsimam omnium actionum*

naturalium, *generationem ſcilicet*, *edit*. *Hæc de natu-*
ralibus. *In voluntariis autem*, *nonné pictor*, *ſculptor*,
cytharedus, *meliùs pinget*, *ſculpet*, *pulſabit*, *ſi perfectio-*
ribus, *quàm ſi imperfectioribus vtantur mediis & in-*
ſtrumentis? *An benè canet raucus*, *ſaltabit claudus*,
ſcribet qui inconcinnam habet manum? *Qua quidem*
manu quod perfectius à natura excogitari potuit in-
ſtrumentum? Nullum ſanè, *vt optimè Gal. noſter*
proſequitur. 1. de V ſup. Perfectiſſimum autem omnium
animalium homo, *ad perfectiſſima inter cætera ani-*
malia opera edenda, *perfectiſſimo etiam omnium*

eguit

eguit *instrumento. An si imperfectius fuisset istud, potuisset ille tam perfecta exequi munia, totque, quàm
exequitur. Non, cogito. sed quorsum tot? Huc:
vt probemus : omne perfectum producere perfectum, & vti perfecto ad eius productionem. Quid
inde? Hoc. Humana anima perfectissima omnium
Dei creaturarum, ad perfectissimam omnium, quas
edere potest, actionum, perfectam scilicet cognitionem, perfectissimo eget corpore. Quid? dices: à corpore non non pendet intellectio, nec ab eo vllo modo
iuuatur, sed solummodo ab animo perficitur. Hoc falsum est, vt alibi probauimus. Vanum est dicere,
animum intelligere, vt & audire. Homo vtrumque agit: vtrobique corpore, & animo vtens: &
quodcumque aliud cum vtroque simul exequens:
nihilque, non vtroque fauente, conferente, agente.
sed, si in dictis tuis consistas, idipsum probatur. Cur
hic doctior, ille minùs? Animus æquè perfectus in
vtroque. Ergo in corpore defectus, vt tu dicebas. Ergo
doctior perfectiori potitur corpore, quomodocumque
illo vtatur, siue ad imaginandum, siue ad intelligendum. Ergo doctissimus perfectissimo. Ille autem
est verè sciens. Quale autem sit perfectum corpus, diximus iam. Cúmque illud nusquam inueniatur, nusquam etiam perfecta cognitio, neque proinde scientia,
quæ idem est. Sed dices forsan: ad intelligendum non
egere nos brachiis & cruribus: proinde etsi illa defectuosa sint, modò cerebrum benè habeat, sufficere. At
deciperis: si membra à primordiis generationis prauè
conformata sunt, defectus fuit aut in materia ex qua*

*Humana
anima ad
cognitioné
perfectissi-
mo eget
corpore.*

*Vanum est
dicere ani-
mum intel-
ligere.*

*Perfectis-
simus ho-
mo, ille &
pulcherri-
mus.*

facta sunt, aut in virtute formatrice. Vtroque modo aliquod ex principibus membris, aut plura imperfecta sint necesse est. De materia non est dubium : ex eodem enim semine fiunt membra omnia. Virtus autem non debilis primò per se est : sed quia deficiunt spiritus , aut temperies , eius praecipua instrumenta. Quocumque autem horum deficiente, etiam in internis defectus est. sed etsi solùm in externis esset , ab his internus communicaretur. Debilia enim extrema non perfectè attrahunt, retinent, coquunt, expellunt : vnde sanguis inficitur excrementis. Ab hoc spiritus, & membra interna: si post formatum perfectum corpus & natum , deformitas accidat : vel ab interna : vel ab externa causa accidit. Quomodocumque contingat, interna etiam eodem modo, quo si à primordiis eueniret, alterat, & à perfectione disturbat. Denique perfectum corpus aut nusquam est : aut per momentum tantùm durabit. Nullus ergo sciens. Nil scitur. sed dices forsan : etiam imperfectum corpus scientiis aptum esse. Videtur enim difficile creditu, nullum ex hominibus scientiis idoneum. Ego verò hoc, vt & plura alia , libens concedo. Non tamen quodcumque. Nam neque tu id vis : neque probaueris vnquam. Certo ergo quodam temperamento praeditum esse illud necesse est. Quale est illud ? Forsan non dabis. sed esto, dederis. Hic nuper natus quot subit mutationes ab aëre , loco, motu, cibo, doctrina ? Cogita tumet. Si diues, deliciosè tractatur, pinguescit, totus corporeus sit, ineptus ad studium. Anima enim & corpus vtcumque contraria expetunt, per te, vt in Anima dicemus. Quin neque parentes eum studio & laboribus

consumi

Ex eodem semine nōt membra omnia.

Homo plures subit mutationes.

Anima & corpus vtcunque cō traria expetunt.

corsumi permittunt: sed in corporis, & ad corporis cultum componunt omnia: de moribus solùm (& ò vtinam) modicum soliciti. Et(vt hominum maior pars facit, & quidem prudenter, natura ad hoc impellente) sanitati, & divitiis, reliquisque, quæ vitam beatam efficere possunt, studere docent: vnde euenit vt tam pauci studio literarum incumbant. sed esto, permittant, & velint parentes: puer detrectat. Corpus enim otium semper expetit: labor nobis inimicus omnibus. Diuitiæ reuocant animum, deliciæ disturbant, pellicit mundus. Illéque sanè summus mihi est Apollo, qui, cùm huius seculi bonis frui queat, his neglectis, rerum contemplationi se dedit, miserrima omnium status permutatione. Sed rara auis in terris. Omnes aut ad laudem, aut dignitates, aut diuitias: vix vnus scientiam amplectitur propter seipsam: sícq́, tantum quisque laborat solùm, quantum sufficiat ad acquirendum finem, non scientiæ, sed ambitionis suæ. Egeni autem ad studia plurima aduolant, tristi principio, aduerso medio, turpi fine. Tristis enim egestas est, quæ impellit, eadem impedit: eadem satiata finit scientiam pauperis. Non enim amplius student, quam vt eam fugere valeant. Hinc illud: Ingenium volitat. paupertas deprimit illud. Et illud: Diuinum ingenium plena crumena facit. Et ille: Quærenda pecunia primùm est: Virtus post nummos. vtq́, sine Cerere & Bacho friget Venus, sic Pallas. Psittaci proinde vino poto melius garriunt, discúntque: & quidam etiam homines. Vnde: Fœcundi calices quem non fecêre disertum? Quid non tentare cogit fames? Quid plura refero? Nunquam finem facerem. sit hæc

Cur pauci studeant.

Corpus otium expetit.

Omnes ad honores aut diuitias student.

Egeni plurimi ad literas currunt.

Psittaci vino poto melius garriūt.

K 3 con

Studentifi-
nis debet
esse, scire.

Nullus ex
se doctus
euadit.

se do-
cent e falli-
tatis.

Tyro cre-
dere debet.

Magna pue-
ris recipié-
di prompti-
tudo.

Indigna
Philosopho
sententia.

Timotheus

conclusio. *Studenti nullus finis esse debet alius, quàm scire. Egeno verò hic aut non est, aut eò solùm est, vt egestatem vitet. Quare qui propter ventrem studebat solùm, hoc repleto obdormit, scientiasq́ post tergum mittit, quibus non delectatur, quia ineptus est illis: si verò aptus delectetur, impedit egestas: & hoc miserandum. Quòd si adhuc & diuitem, & pauperem omnia necessaria habere ad scientiam contendas, & voluntatem non deesse, supponamus sic esse, vide quæ sequátur difficultates. Incipiens vterque instruendus est. Quis enim tam fœlix, vt ex se doctus euadat? Atque quot miseria in instructione! quam pauci bonos nanciscuntur doctores! Hi vel propter præmij paruitatē, vel ob desidiam, vel ob inualetudinem, vel ob egestatem, (cui dum prouident, studio vacare nequeunt) vel ob inuidiam, vel ob metum, vel ob superbiam, vel ob amorem, vel ob inimicitiam, vel ob discipulorum ineptitudinem, (si talem de eis conceperint opinionem) vel (quod omnium pessimum, magisq́ crebrum) ob inscitiam: hi inquam ob hæc omnia, vel plura, aut veritatem, si nouerint vtcunque, celant, aut docent. Quo quid calamitosius tyroni euenire possit? Hic enim credit, vt & conuenit, & necesse est incipienti: semelq́ ebibitum errorem, virum vnquam in posterum, quacunque ratione id coneris, deponere potest. Tanta est recipiendi, retinendiq́ vis puerilibus annis: præcipuè si præceptoris authoritas maxima fuerit. Vnde illud: Quo semel est imbuta recens seruabit odorem Testa diu. Hinc illorum* Ἀυὶς ἔρα *tam illiberum, indignúmque Philosopho. Hac ratione & ille cum incipiente simplex paciscebatur præmium:*

mium: cùm eo autem qui sub alio didicerat praeceptore,
duplum: cùm duplo etiam labore opus esset, altero ad
eradicandum errorem, quē iam ebiberat, ad seminan-
dam veritatem altero. Hinc Philosophorum sectæ na-
tæ sunt: illúdque, Iurare in verba magistri. Vnde tot
tantáque effundunt: hic pro defensione huius:ille contrà,
vt expugnet:volumina implent de intelligendo prae-
ptore: nouas fingunt, infinitásque explicationes, intelligentias, distinctionésque, quas nunquam ne somniauit
quidem ille. Quinimò & tam stulti aliqui sunt, vt omnia, quæ ab hoc, vel illo authore tradita sunt, defendere
se posse iactent: ad idq̄ se parent nugis, tricísque adeò
circunsepti, & armati, vt venatorem dicas, qui reti-
bus turdos, fictóque sibilo aucupari tentet. Quibus ipsimet irretiti, seipsos explicare nequeunt: sicq̄ incidunt in
foueam, quam alius parabant:moréque Aesopici aucu-
pis, dum columbo insidiantur, à colubro capiuntur. Et
quemadmodum ij qui tormentis vtūtur bellicis, (hac-
quebutas, aut sclopetos vocant) dum, vt aliumocci-
dant, oculo admouentes vni, vt rectà feratur glans,
ignem pulueri immittunt, si obstructa nimis fuerit machina, contrarium experiuntur, quàm volebant: recal-
citrante scilicet illa, capútque illis confringēte. Sic hi dum
alius machinantur falsa, ipsi falsis inuoluuntur. Alij col-
ligunt praecipua, Epitomésque faciunt. Alij in tabulas
digerunt, in capita, in libros, quæ ab aliis confusé scripta
sunt. Alij contrà ampliant, addunt, extendūt, commen-
tantur, & commentiuntur plurima. Alij superstitiosa,
fatuáque pietate, dissidētes conciliare, in pacémque omnino bellantes redigere conantur. Alij contrà eadē sen-
tientes

Vnde Philosophorū sectæ.

Vanæ occupationes.

Stultitia eorum qui omnia quæ ab alio dicta sunt, tuentur.

Inutiles labores.

tientes inimicos faciūt, dum diuersa scribere, & intelligere affirmant. Alij opus hoc illius esse asserunt. Alij contrà, sed alterius. In his autem omnibus probandis, quibus non vtuntur argumentis? quid non fingūt? quid non tentant? quid non excruciantur? Si non sufficiāt falsa probabilia, vtuntur veris improbandis, contumeliis scilicet, inuectiuis, famosis libellis, iurgiis. Denique his non contenti, ad arma veniunt, vt quæ ratio non potuit, vis cogat, militum modo. Sic qui scientifici dicūtur, bruta fiunt. An nō hæc furor, & insania? Qui naturam inuestigare dicuntur, nil minus quàm id agunt: dum quid hic, illéue voluerit, non quid hoc, illúdue in natura sit, digladiantur: totámque in illis absumunt vitam, similes cani, qui visam vmbram in aqua carnis, quam ore ferebat, hac dimissa, sectatur irrito, inaníque conatu: tauróque, qui hominem sectans, inuento huius pallio, in id sæuit, hominis amplius non solicitus, immemórque. sic illi naturam quærentes, ad homines se conuertunt, illam omnino relinquentes. Proinde nil ipsi sciunt aliud, quàm psittacorum more referre ea, quæ in aliis scripta inuenêre, prorsus ignari eorum quæ proferunt. Et horum quidem maxima in scientiis multitudo: qui autem naturam ipsam in se scrutetur, vix vllus, aut saltem admodum pauci, quíque apud illos, & vulgum indocti iudicantur. Nec mirum. Iudicat enim quisque pro natura sua reliquos. Sic doctus doctum iudicat, & laudat, quia percipit quæ dicit: indoctus negligit, quia non capit: contrà extollit inertem, quia idem cum eo sentit. simile enim simili gaudet, dissimile respuit. Sub quocumque autem

Pauci naturam in se cōtemplātur.

Quisque pro natura sua reliquos iudicat.

Simile simili gaudet.

horum

horum infœlix iuuenis litteras ebibat, ʋt frequentius
ebibit, (fœliciſſimus enim ille eſt, qui ſub experto ma-
giſtro , ʋeréque doƈto initiatus eſt , ʋt & rariſſimus)
aƈtum eſt de eius ſcientia : niſi aliquo aƈtus ſydere re-
ſipiſcat. Atque ſi ſemper ſub eodem ſtudeat doƈtore,
(quod ʋix ʋnquam fieri poteſt) ſemper errabit, ſi ſemel errauerit. Imò continuò magis errabit. Paruus
enim error in principio, magnus eſt in ſine : & dato ʋno
abſurdo, plurima ſequuntur. Quis autem eſt qui ſemel
non erret ? Aut quis qui ſemel erret ? Dubito an ſemper
non erremus. Quòd ſi à pluribus doceatur, hoc opus, hic
labor eſt. Pauci quos æquus amauit Iupiter , aut ar-
dens euexit ad æthera iudicium, diis geniti, potuêre ab
erroribus ſe expedire : tenent media omnia ſyluæ difficilima. Dum diuerſi hi perpetua contentione ſe agitant,
miſerum incipientis ingenium miſerè diſtrahunt, dila-
cerántque. Hic illi hoc inculcat : ille contrarium perſua-
dere conatur. Quis enim duos in omnibus conuenire ʋi-
dit ? Atqui maximum ʋeritatis, proindéque & ſcientiæ
alicuius, certitudinis indicium eſt doƈtorum concordan-
tia. Veritas enim ſemper ſibi conſtat. Contrà ʋerò nil
magis arguit incertitudinem ſcientiæ, quàm diuerſitas
opinionum artificum. Quod commune eſt omnibus ſciē-
tiæ cuiuſlibet doƈtoribus : ʋt inde colligas etiam quàm
parum certitudinis ſcientiis inſit noſtris. Sic debilem ty-
runculum aduerſi doƈtores trahunt in confuſionem,
ambiguitatémque. Qui ſubinde neſcit quò ſe vertat :
ſed prout illi ʋidetur ʋel huic, ʋel illi adhæret : ſæpius
decipienti. Hic enim plurimùm garrit , ʋt mos eſt illis
qui falſa aſtruunt : ſúq̄ paupere iuuenculū ad ſe trahit,

L   qui

Fœlix qui probū nancifcitur doƈtorem.

Paruus error in principio maguus eſt in ſine.

Fere ſemper erramus.

Vix duo in omnibus cōueniunt.

Veritas ſemper ſibi coſtat.

Qui falſa aſtruunt plurimum garriunt.

qui victorem iudicat eum, qui magis clamauit. En tibi
scientem. Sic multo tempore in his versatur procellis:
sæpius tota vita. Quòd si ad methodum docendi acce-
damus, non hîc erit minor difficultas, quinimo maior:
siue eos, qui viua voce docent, spectes, siue qui scriptis.

Maxima
vtilit.s di-
scenti, si do-
cens bona
vtatur me-
thodo.

Eadem enim vtriusque ratio. Porrò maxima hinc di-
scenti accedit vel vtilitas, si bona methodo vtatur
doctor: vel difficultas, & damnum, si peruersa. Nihil
enim tantum in docendo momentum habet, quantum
methodus: quæ subinde tam varia hominibus est: quaq́;

Laborio-
sum est sci-
re metho-
do vti.

vti scire non minus laboriosum, ingenióque plenum est,
quàm vtile: nec minus rarū, quàm necessarium. Nullus
proinde est qui huic plurimùm non studeat, insudétque:
paucíque admodum, aut ferè nullus, qui vel scopum

Pauci recta
vtuntur
methodo.

attigerit, vel attigisse credatur. Cùm enim ars infinita
forsan sit, vt iam diximus, vita verò omnium bre-
uißima rerum, cui illam commensurare oportet vel docere, vel discere volenti, maximam nobis imponit curam, conantibus scilicet infinitum finito metiri, & quod

Vnde scri-
bentium
tanta diuer-
sitas.

magis est, comprehendere: vnde tanta scriptorum varietas. Quorum hic artem contrahere (cui vitam producere non licet, quod potius esset, & necessarium) dum
nititur, longiorem efficit viam, difficiliorémque breui-
tate, subindéque obscuritate sua (Nam obscurus, fio dũ

Breuitas
obscurita-
tem parit.

breuis esse laboro) tempus nobis absumens, quod rebus
intelligendis, non eorum scriptis impendi deberet: capitá-
que rerum solùm nobis deuoranda dat. Alter dum artē
fusè, vt est, prodit, in primis consenescit principiis, nosq́;
cum illo. Hos, qui impatientes laboris sunt, quique acu-
tiore ingenio, damnant: quòd pluribus verbis, qua hi
breui

breuibus perciperent, inculcent. Laudāt verò morosi & rudes, quibus nihil vnquam satis explanatum. Illi cō-tra. Si quis medio scribat modo, (si quis forsan sit) ab his omnibus improbatur: & quòd nō sat breuis, & quòd iusto breuior. Medium enim vtrique extremo vtcūque contrarium est. Ab iis solùm commendatur, qui medio etiam gaudent, & ipsi mediocres. Hi rari admodum, si-cut & pulchra omnia, incognitíque. Iam docti alij ab his iudicantur: ab illis contrà. Hic loquitur comptè, pulchré-que: ille asperè, & rudè. Aliorum hic labores surripit, pro suisque venditat, repetit alius integras suas pagi-nas, sui immemor: hic omnia vbique miscet, & cōfun-dit, ille nuda omnia & indiscussa relinquit: garrulus hic, & sophista, ille seuerus, & grauis: hic nouorum in-uentor acutus, ille veterum assertor ineptus. Quid de-nique dicam? Quis omnibus placuit vnquam? Nec na-tura ipsa, vt quam quidam damnare, increparéque ausi sunt. Tanta est in rebus varietas, vt natura in his lusisse cernatur, confusionéque nostra sibi placuisse vi-deatur: vt nos eam hinc inde quærentes, coram nobis existens deluderet, irrideretá. Nec in varijs solùm rebus varietas conspicitur. Idem homo modò vult, modò re-cusat: modò id asserit, tandem idem damnat: iam hoc profitetur, de quo si eum mane quæras, non meminit am-pliùs, nec meminisse vult. sed & in hac cœli parte nunc vigent literæ, tandem omnimoda brutalitas. Illic olim omnia ensis & arma, nunc nihil habes præter libros. Et, quod magis, hæc opinio nunc placet omnibus, hic Doctor in pretio est, mane omnino aliter. Horum omnium exempla videbis si hystorias legas: adducam

Mediū vtri-que extre-mo vtcum-quecontra-rium.

Nullus vn-quā omi-bus placuit.

Natura cō-fusione no-stra sibi pla-cuisse vide-tur.

Exempla successionis rerum.

Græci olim
illuſtriſſim a
in literis
& armis.

tamen vnum, alterúmue. Quid olim Aegypto, Græciáq̃,
luculentius in literis? Quid in idolis colendis fertilius?
Vbi illuſtriores viri, tum in ſcientiis quibuſlibet, tum
etiam armis? Nunc verò nec ibi muſæum inuenias,
nec idolum, nec inſignem virum. In Italia, Gallia,
Hiſpania nec per ſomnium doctor erat: omnia Mercurius, & Iupiter. Nunc hîc ſedent Muſæ, hîc habitat
Chriſtus. Iam in Indis quanta hucuſque regnauit ignorantia? Iam nunc aſtutiores, religioſiores, doctioréſque
ſenſim nobis fiunt. ſit hoc ſatis. Quid ergo faciet in tanta rerum varietate calamitoſus iuuenis? Quem ſe-
quetur? Cui credet? Huic, illi, nulli. ſic ipſe elegit, ſi

Diſcens nõ
alicui aſtrin
gi debet.

liber ſit. Sin minus, vel totus huic, vel totus illi, vel
totus nulli. Quod horum melius? In omnibus fallacia
& miſeria. Si totus ſe dedat alicui, ſeruus ſit, non doctus: illiúſque dogmata quo iure, quáque iniuria tuetur
quantum poteſt. ſic ſit miles, qui ducem ſequitur quocumque trahat, vt pro eo pugnet: non memor amplius
ſui, cum eóque perit. Sic iuuenis noſter, eiúſque ſcientia
perit, quoties ſe alicui pertinaciter adnectit. Nec enim
ſine diſpendio veritatis quis poteſt iurare in verba
magiſtri. Quòd ſi omnibus æquè credat, æquéque nulli:
vt ab omnibus excerpat, quæ ſibi videantur, magis
liberum hoc eſt: ſed & difficile magis. Quanto enim
iudicio eget qui horum lites dirimere conatur? Quiſque
pro ſe ſuas habet rationes, argumentáque, vt ſibi
videtur, inexpugnabilia. Neque tamen inter hos
iudicium ferre ſine iudicis periculo eſt: qui pro quocumque tulerit ſententiam, pro eo ſibi ſtandum etiam
proponat. Quòd ſi malè iudicauerit, ſententiæ ſuæ
                                              pœnam

pœnam feret. Ignorabit enim veritatem, ficut & al-
ter pro quo malè fententiam tulit, quod peßimum eft.
Sed & pro quocumque fententiam ferat,cum eo contra
alium femper illi pugnandum eft: alio femper nego-
cium facefcente ambobus,nouáque fingente arma, quæ
repellere neceſſe eft. Sæpéque contingit,vt, quemadmo-
dum in bello quis, quanquam æquitate, armis, &
viribus maior hofte fit, arte tamen & aftu circun-
uentus pereat: fic qui veritatem tenet, tuetúrque, ar-
gumentis contrariis obruatur: quibus cùm refiftere ne-
queat, animo defpondet, veritatémque deferit, vt
hofti fe dedat. Hoc vt fæpe contingit, fic veritatem
obfufcat, dum qui falfa adftruit acutus eft, fubtilif-
que. Et id promouit ille fyllogiftica fua fcientia, in
qua optima confequentia ex falfo quandoque verum
fequitur. fic verum nunc cum vero, nunc cum fal-
fo mixtum non difcernitur: fed nunc verum fal-
fum apparet,nunc falfum verum. ficq́ qui meliùs re-
tes fyllogifticos extendere nouit,hic quod vult adftruit.
Cúmque ignari docendi eſſent veritatem, cauendúm-
que omni modo ne deciperentur, præcipuè quibus eam
inueniendi non eft poteftas:ille contrà eis infidias ftrue-
re docuit, quibus veritatem, fi eam vtcumque te-
nent, deferant: quam aliàs, nifi telis his circumue-
nirentur, tenerent. Sic vidi ego quandoque garru-
lum fophiftam conantem perfuadere ignaro cuipiam,
album ᵔᵕ nigrum : cui hic : Ego non intelligo ra-
tiones tuas, quia non ftudij vt tu : benè tamen
fentio, aliud eſſe album à nigro : argue tu modò
quantumcumque volueris. Et fanè memini, dum

Sæpe quis
fophifmate
deceptus
veritatem
deferit.

Quid profit
fyllogiftica
fcientia.

L 3   Dia

FRANC. SANCHEZ

Dialectica initiarer ferè puer, à prouectioribus ætate, & studio in certamen sæpe prouocatum, vt ingenij mei periculum facerēt: qui subinde fallaces syllogismos mihi obijciebant: quorum ego fallaciam non vidēs, aliquando onere premebar, falsàque concedebam, non tamen manifestè falsa: cùm tamen manifestè falsa sequebantur: tunc cruciebar admodum, si statim defectum non ostendissem: nec quiescebam donec inuenissem. An nō satius fuisset, tempus, quod in quærendo defectu syllogismi absumebam, in cognoscenda causa aliqua naturali dispendere? Denique apud hos syllogizantes ille doctior est, qui meliùs garrit: ille verum protulit, qui decipulam optimè construendo, socium, aut aduersarium vicit, eóque redegit, vt aut concederet infallibiles quas vocant consequentias: (quas negare esset ridiculum, & impium: plena tamen sunt rimis, laqueisá, quos qui non videt, ab eis captus cogitur dare manus, concederéque quod alter volebat, falsum licet) vel cùm captum se videat, nec tamē dolum percipiat, ferè obmutescat. Hāc vocant scientificam syllogismorum doctrinam: qua nil ad scientias pernitiosius. Quod ille ipse videns, cauillatoriam aliam scripsit, vt ab illorum deceptionibus eriperemur. sic venenum bibendum dedit: posteà alexipharmaco curare tentat, & ipse venenoso. Sed fortius est primum: proindéque vincit plurimùm, interimítque veritatem. Cui vt resistant posteri, quot commenti sunt conditiones? quot alias fallacias? quot volumina suppositionum, indissolubilium, exponibiliū, obligationum, reflexionū, modalium? Vide quanta subtilitas, & scientia, quanta eius vis. Iam altera Circe Dialectica est: in

asinos

Marginal notes: Verbosior doctior est apud Dialecticos. Syllogismorū doctrina scientiis perniciosa. Aristot. Elenchi. Dialecticorum inuēta vt sophismatis resistant. Dialectica altera Circe.

asinos eos conuertit. Nil certius. Pontem struxere in medio scientiæ suæ, quem asinorum pontem vocant. An
non digni sunt auena, propter præclarum inuetum? Prope pontem iacent asini depicti, Circeas bibentes aquas:
quibus inebriati, circa pontem perpetuò rudunt. Mihiq́;
ferè idem accidisset, ni Vlissis carminibus adiutus, incan-
tantes vitassem pontis dominas Circeas syllogismorum
figuras. Quid non cruciantur miseri asini illi pro fulcien-
da antiqua habitatione? Quibus modis Dialecticam
suam Circem honorant, defendunt, laudant, depingunt:
similes Aeneæ, qui sui oblitus, Italiáq́; quam petebat,
omnino immemor, effæminatus, & vecors, lasciua in-
dutus clamyde, Didoni factus in mancipium, huic totus
studebat, hanc colebat vnam: quousque à Mercurio
monitus erubuit, cognouitq́; apertis oculis se miserè illa-
queatum esse: depositáque statim fœmina, virū assumpsit, deincepśq; magnæ orbis partis factus est dominus,
Virtute duce, comite Fortuna. Atque ô vtinam Mercurius ego essem nostris Aeneis, vt relicta infirma, in-
cantatricéque Dialectita, ad naturam se conuerterent:
fierent forsan multi orbis dominij. At ipsi nunc adhuc
cæci perpetuò magis se illaqueunt, ipsimet sibi laqueos
parantes tot, vt nunquā legendi finem facias: quemad
modum nec ipsi vnquam scribendi finem faciunt, noua
quotidie adaperta ruina: simili veteris alicuius ædificij,
lapsumq́; minantis ratione, aut in arena, instabilíque
loco, & ex fragili materia conditi, cui perpetuò supponen
di postes, admouendi lapides, calx, similiáque, perpetuò
eo hinc inde dehiscente. Sic continuò labante syllogistica
doctrina, (qua nullo modo consistere potest, friuola, &
inanis)

Dialectici
similes
Aeneæ.

Syllogistica
doctrina
continuò
labitur.

inanis)continuò etiam laborant eius incolæ,& artifices,
vt ruinam impediant.Atque hæc docent ad se venien-
tes iuuenes:his confundunt eorum ingenia primùm : his
eos exercent.Res autem quærat quicunque velit.Sicque
per manus currit hæc pernities ab vno ad alium , ita
vt tota vita nil scias.Sed dices forsan:quid ergo,visne
imperatoris modo quæcunque dixeris rata esse sine ra-
tine,& probatione,quod alienum iudicant omnes? Nec

In libro,
Modi scien-
di , docebi-
tur quomo
do quid di
scutiatur si-
ne syllogi-
stica doctri
na.

id volo:sed ostendam posteà quomodo ratione,proba-
tionéque alia meliori, quàm hac syllogistica vti possis.
Iuuenis ergo noster,quem ad scientiam promouebamus,
in his difficultatibus quid faciat? Iisdem se inuoluere,
vt & ante eum præceptores eius fecère , idipsumá, eum
docent: & ipse credit. Quid enim,non credat artificem
qui ad discendam artem ad eum venit? Ergo qualis

Difficile est
semel ebibi
tum errorè
vomere.

ille,talis hic:inscius ille, & hic quoque. Iam difficile admodum est semel ebibitum errorem vomere. Suppone
tamen huic iudicio fretum suo: & postquam sub his longo tempore eorū didicerit scientiam, videritque dissen-
siones in opinionibus , sententiam ferre velle : quod vt
rarum admodum inuentu,sic & scire cupienti vtilissi-
mum,& omnino necessarium.Quantum id periculi habeat,anteà ostendimus. Nunc verò quantum difficul-

Qui rectè
iudicare
vuit,rescō-
tem pletur.

tatis.Si rectè ipse iudicaturus sit,res de quibus inter eos
lis est optimè consideret oportet:quod pauci faciūt.Pau-
ci proinde sunt,qui quæ proferunt intelligant:qui tamen

Quorundā
ineptia.

volumina implent aliorum laboribus : componunt authores,quos ipsi non intelligūt,proinde & sæpe malè:iu-
dicant de eorum controuersiis,& id quoque malè.Intēti
enim solùm authoribus dissidentibus , ab aliisque mu-
tuatâ

tuato hinc inde auxilio, vt vtētes Arist. testimonio, &
aliorum, ex horum dogmatibus alia inferētes, & ex his
alia: sic contra hūc vel illū sententiā proferūt: nō ostēden
tes, sic rē se habere: sed sic videri Aristot. sic illi, sic huic,
sic colligi ex hoc theoremate, illóque. Quæ omnia forsan
magis dubia sunt eo, de quo quæstio est. Sic ipsi dū iudicium ferre stultè conantur de aliis, iudicādi ipsimet ve-
niūt, imò & cōdemnādi Quid enim ad rē, quòd hoc ille,
vel hic dixerit? An proptereà verum est? Non fieri potest. Omnium enim rerum principia essent athomi, aër,
aqua, ignis, terra, materia, forma, priuatio, chaòs, lis,
amicitia, magnum, paruū, æther, vnum, numerus: quæ
omnia à diuersis rerum principia iudicantur. Ergo verum dixit, non qui quod alter dixerit, sed qui quod res
est dixit. Cur ergo nobis tam obstinatè hunc, illúm ve
obiiciunt, quem negasse impium, hæreticúmque, vt ipsi
dicunt, sit? Atque & ille ipse dixit, (quod fatui isti au-
thoriductores non aduertunt, aut saltem fingunt se non
aduertisse) Non proptereà quòd quis affirmarit, vel ne-
garit, sed quia in re sic, vel sic sit, propositio vera vel
falsa est. Idem enim ipse olim expertus est in similibus
fatuis, cùm Platoni aduersaretur, quod nos in his, cùm
illi, & aliis. Quibus tamen responsum satis dixit hoc,
quòd amicus erat Plato, sed magis amica veritas. Et
alibi, Authoritas, inquit, ab extrà est, parum habes mo-
menti. Sed video quid ignaros hos tam obseruantes in
præceptorem suam faciat. Nil sciunt extra ipsum, omnia
in isto, omnia ab isto: in re nihil vident. Proinde nō mirum, si, cùm non habeant aliud, quo vel asserant quod
volunt, vel destruant quod tu vis, non mirū inquam,

Non quia
aliquis di-
xerit, verū
id est.

Verū dixit
qui vt res
habet, dixit.
Aristot.

In Topicis.

Quid Dia-
lecticos in
Arist. obser
uates facit.

M si

Docti non egét autho ritatibus.

si stomachentur simplici, negatione victi. Docti autem cum res in promptu habeant, quas negare non possunt ignari: nisi velint experiri an calidus sit ignis, si negent: non egent authoritatibus. Res ergo contemplari oportet ei, qui aliquid scire velit, iuuenique proinde nostro. sed

In rebus contempla dis multus labor.

an hoc facile? Heu! Nullibi tantus labor : nullibi tanta ambiguitas: nullibi tam pauca scientia. Vidisti iam antea quanta in rebus diuersitas, quanta mutatio, quantam denique scire cupienti pariant difficultatem, inaccessumá. videbisá clarius vbi res ipsas examinare aggressi fuerimus. Nunc vero prosequamur impedimenta ex parte discentis: sicá, huius libelli finem faciemus. Duo

Duo inue niendæ ve ritatis me dia.

sunt inuenienda veritatis media miseris humanis: quandoquidem res per se scire non possunt, quas si intelligere, vt deberent, possent, nulli alio indigerent medio: sed cùm hoc nequeant, adiumenta ignorantiæ suæ adinuenêre: quibus proptereà nil magis sciunt, perfectè saltem. sed aliquid percipiunt, discúntque. Ea verò sunt experimen-

Experimē tū sine iu dicio stare nequit.

tum, iudiciúmque. Quorum neutrum sine alio stare rectè potest: quorúmque vtrumque quomodo habendum, adhibendúmque sit, in libello huic proximo, quem indies parturimu, latius declarabimus. Interim vide x hoc

Experimē rum vbique fallax.

Nihil sciri. Experimentum fallax vbique, difficiléque est: quod etsi perfectè habeatur, solùm quid extrinsecè fiat, ostendit: naturas autem rerum nullo modo. Iudicium autem super ea, quæ experimento comperta sunt, fit: quod proinde & de externis solùm vtcumque fieri potest. & id adhuc malè: naturas autem rerum ex coniectura tantùm: quas quia ab experimento non habuit, nec ipsum quoque adipiscitur, sed quandoque contrarium

rium æstimat. Vnde ergo scientia? Ex his nulla. At non sunt alia. Atque nec hæc perfecta habere potest iuuenis noster. Nam, (ut omittam multa recte habendi experimenti impedimenta) quot experimenta habere potest iuuenis? Sat pauca. Quomodo ergo super pauca recte iudicium ferat? Nullo modo. Plura enim vidisse oportet, ante quàm recte quis iudicet: imò omnia, ut initiò dicebamus: quando & omnia se inuicem tenent, nullúmque sine alio stare posit. Quod in causa est, ut qui hodie id opinabatur, manè aliud iudicet: imò & quod nunquam putarat, fateatur. Quis enim ante cognitum magnetem, torpedinem, echeneidem, talem illis vim tribuisset? Omnem attractionem dicebas à calido, à sicco, à vacuo, aut meliùs ob eius metum. Quid de illis? Quid de electro? An à quolibet horum? An putasses unquam venenum veneno additum hominem non interfecturum, imò potiùs liberaturum? Minimè quidem, qui forsan ante experimentum asserebas, Quod vnum efficit, meliùs idem duo. Probat autem contrarium atrox apud Ausonium vxor: quæ virum veneno tollere conata, ut mortem citiùs acceleraret, præparatæ potioni hydrargirum admiscuit: quo à morte liber ille euasit. Teriaca etiam, & mithridatium ex venenis post experimentum composita, venenis obsistunt omnibus. Quis credidisset * cicutā vino admixtam citiùs enecare, biliosósque & calidos homines promptiùs quàm frigidos? Videbatur enim ratio nabile, ut à contraria qualitate potiùs impediretur eius actio. At contrarium experimento apparet. Messores etiam apud Gal. * piè facturos se credebant si vinū

M 2 cui

Iuuenis perfectum experimentū & iudicium habere non potest.

Ideò iuuenem sapientem difficile est inuenire. Empedocl. & Xenoph. dicebant apud Laërt.lib.9.

Experimentum plura præter spē fateri cogit.

Non omnis attractio à calido, sicco, vacuo.

Quod vnū efficit, meliùs idē duo.

Cicuta vino admixta citiùs enecat, & calidos homines citiùs frigidis. Gal.3. simpli. & Plut. quomodo amicum ab aduiatore discernas.

* Lib. de subfigurat. Empirica.

cui præfocata vipera fuerat, bibendum darent misero
elephantico, è vita ea ratione ablaturos eum existi-
mantes: quo contra (mirum) ille à tam sævo morbo liber evasit. Ancilla etiam elephantici domini, qui eam
deperibat, iratum exhorrens, ei vinum vipera infectu
obtulit, vt interficeret: quod vice versâ sanitatem ei
conciliauit. Dixißésne tu? Minimè. Multa ergo experientia & doctum, & prudentem hominem facit. Inde
fit vt senes doctiores sint, saltem ratione experimenti:
rebúsque humanis propterea gerendis accommodatiores
iuuenibus: à pluribúsque ea ratione gentibus maximo
in honore habiti. Quibus, si etiam bonum adsit iudicium, meritò committi potest reipub. administratio. Vt
ergo huic obuient incommodo homines, scilicet defectui
experimenti, adinuenerunt scribendi rationem: vt quæ
hic, illéue expertus sit tota vita, & variis locis, breui tempore alter discat. sícq́ consultum est nostri sæcu-
li hominibus, qui plurium vitas, acta, inuenta, ex-
pertáque pauca mora perlegentes, aliquid de suo insuper addunt: hisque alij: tum & de dubiis iudicium
proferunt: itáque augetur ars: posteriorésque hac ratione comparantur puero in collo Gigantis existenti: nec
immeritò. sed vt hæc via ad humanas res gerendas
aliquid emolumenti videtur habere: nil tamen magis
scitias iuuat. Nam (vt omittam, libros non perpetuos
esse, sicut nec & alias res, vt qui omnino extirpentur
bello, igne, incuria, nouitate aliarum opinionum, tempore denique, & obliuione absumpti.) sequitur statim
tota difficultas, quam suprà in scribentibus ostendimus. Confusi, breues, prolixi, tótque, vt si centena

millium

millium centum viueres annorum, non sufficerent le-
gendis omnibus: quique in pluribus mentiantur, sapißi-
mè gloriæ causa, aut fulciendæ opinionis. Statímque sequitur de intelligendis eis quæstio, & quas nunc re-
tulimus omnes. Ita vt dum aliquid scire quærimus,
ad homines conuersi, & eorum scripta, naturam di-
mittimus, insipientésque fimus. Sed ponamus experta
ab illis verè referri. Quid prodest mihi, alterum hæc,
aut illa expertum fuisse, nisi hæc eadem ego ipse ex-
periar? Fidem parient mihi illa, non scientiam. Proinde & maior literatorum numerus his temporibus
fidelis quidem est, non sciens: quippe qui ex libris
quidquid habent hauriant, non adhibito iudicio, re-
rúmque experimento, vt decet: sed creditis his quæ
scripta inuenit, hísque suppositis, aliis atque aliis illa-
tis, malè iacto fundamento. Iuuenem ergo nostrum,
si aliquid scire velit, perpetuò studere expedit, legere
ea quæ ab omnibus dicta sunt, conferre experimento
cum rebus vsque ad extremum vitæ terminum. Quo
vitæ genere quid miserius? Quid infœlicius? At quid
dixi vitæ genus? imò mortis genus est: vt superiùs dicebam. Quem ergo vis tam calamitosæ vitæ se sub-
mittere? Sunt tamen aliqui. Ex quibus sit iuuenis noster vnus. Hic quidẽ etsi optimè cõstitutus perfecta frua-
tur sanitate, statim marcesset: consumptísque studen-
do corporis viribus, pluribus conflictabitur morbis, aut
morbosis affectionibus, grauedine, destilatione, arthri-
tide, ventriculi imbecillitate, vnde cruditates, deiecta
appetentia, lienteria, obstructiones, præcipuè lienis. Quid
non patitur qui studiis incumbit? Moritur intempestiuè

Nil ad scientiam nostram prosunt experta ab aliis.

Maior litteratorum numerus fidelis est.

Studium morbi sequuntur, & intempestiua mors.

M 3 tan

tandem. Hæc autem mentem perturbant, affecta eius
præcipua sede, cerebro scilicet:siue id per se primò, siue
ab alio accidat. Quòd etsi his omnibus liberum demus
iuuenem nostrum:tamen melancholicus tandem fiet,
quod quotidiana ostendit experientia. An hi omnes rectè iudicare possunt? Non videtur. Bonus enim iudex
omni affectione carere debet. Sed etsi omnibus hic carere
demus iuuenem nostrum nunc, & in posterum, (quod
vix fieri posse existimo) an propterea aliquid sciet? Minimè quidem. Nam & in eo continua mutatio est,
quemadmodum & in omnibus aliis rebus. Illa verò
præcipua, ætatis scilicet : quum multùm differat iuuenis
à perfecto viro, hic à sene:& in quoque horum magna
sit etiã differentia principij,medij,finísque. Qui nunc iuuenis hoc iudicat, verúmque credit,modicùm vir reuo-
cat,probátque : quod idem forsan cùm senex est iterum
tenet, & tuetur : aliàs aliter, sibi nunquam constans.
Nec ullus est qui si nunc opus aliquod edat,posteà pa-
linodiam non recantet,fateatúrque,si probus est,se deceptum fuisse cùm iuuenis esset. Qui autem hoc nollut propter ignominiam, etsi videant falsum asseruisse, vel
forsan non videntes, sui amore obfuscati, pertinaciter
id defendunt, nihilá non explorant,ut se ab ignorantia, aut falsitatis nota vindicent,maxima scientiarum
incommodo: præcipuè si hi subtiles sint. Nec est aliquis
qui,si opus emittere in lucem non velit tam citò, illius
monito qui in nouem annos asseruare iubet,etsi centum
annis integris corrigat,nõ semper aliquid addat,demat,
mutet,innouetá: sic in æternũ facturus, si in æternũ ipse
quoque viueret.Unde tãta varietas & inconstantia?

Marginal notes:

Qui studet melancholicus tandé sit.

Bonus iudex omni affectione carere debet.

Quotidie sententiam mutamus.

Pertinacia scietiis inimicissima.

Ab ignorātia sanè. Nāque si perfectè ipsi sciremus, quæ semel scribimus, nil posteà esset immutandum. Qua ergo ætate meliùs ille iudicat? Dices, in senectute. At rationabilius videtur in statu, in quo vigent omnia, quàm in senectute, in qua languent omnia, quáq, infantiæ comparatur: vnde illud, Maledicti pueri centum annorum. senésque proptereà delirare communi dicuntur sermone. Quid dices? Nec ipsemet scit quando verum dicat, quum modò hoc, modò illud: vtrobique tamen sibi credi velit. Præter has autem corporis mutationes, impediunt etiam veritatis cognitionem animi affectiones. Diximus iam suprà in doctore. In discipulo non minus existimandum est. Amor, odium, inuidia, & reliqua quæ ibi numerauimus, obstant quo minus benè iudicet. Quis autem est tam sui iuris, qui aliquo illorum non teneatur? Nullus. Quòd si reliqua omnia euadat, illud minimè euadet saltem, sui scilicet amorem. Quis enim est qui non credat se verum dixisse, difficultatis nodum inuenisse, imò & rem optimè intelligere? Vt omittam, quòd quisque reliquis doctiorem se, acutiorem, perspicatiorem, prudentiorem, sapientiorem denique existimat. An verè? Nemo, vulgus ait, rectus iudex est in propria causa. Quilibet autem propriam agit causam, dum vel verbo, vel scripto aliquid asserit. Nil ergo scimus. sed do, (impossibile) omnibus his carere iudicem nostrum. Nil magis sciet in posterum: quanquam communi feratur sententia, perpetuò doctiores nos euadere. Contrarium enim omnino accidit iis, qui perfectè res cognoscere student. Ego antequam res considerare cœpissem, doctior mihi videbar

esse.

Ignorantia
s pe cogit
opinionem
mutare.

Qua ætate
meliùs iudicamus.

Animi pathemata veritatis cognitionem impediunt.

Nullus est qui aliqua affectione animi non teneatur.

Quisque se doctū putat.

Nullus rectus iudex in propria re.

esse. Quæ enim à præceptoribus meis acceperam , firmè
tenebam,perfectéque me scire credebam, nil aliud scire
esse putans,quàm plura vidisse, audisse , memoriáque
tenuisse. Iuxta hoc dictum hunc,vel illum iudicabam,
vt & alij:totum proinde me, vt & alios facere vi-
debam,huic scientiæ generi deuouebam,in hoc totus la-
borabam.Vt verò ad res me conuerti, tunc reiecta in
totum priore fide,potiùs quàm scientia,eas examinare
cæpi,ac si vnquam à quopiam dictum aliquid fuisset:
quámque anteà scire mihi videbar, tam tunc ignorare, (contrario atque ille modo,qui vsque ad virilita-
tem omnia se ignorare dicebat,post hanc autem omnia
scire) & indies magis: eóque vsque res ducta est,vt
nil scari videam,vel sciri posse sperem : quóque magis
rem contemplor,magis dubito. Quid enim non dubitabo
si naturas rerum percipere,nosséque non possim ? à quibus vera scientia esse debet. Etenim videre magnetem
facile est:sed quid is est? cur trahit ferrum? Hoc esset
scire,si nosse possemus.Tamen qui magis scientes se dicunt, ab occulta proprietate id fieri respondent , idque
scire esse:cùm contra verè nescire sit.Quid enim differt
si dicas,hoc sit mihi occulta proprietate,aut, hoc nescio à
quo,aut quomodo fiat? sic de pluribus alijs, quæ minu-
tim suo loco videbis. Quòd si addas dubitationi de
attractione ferri, illam , quomodo tactum ferrum ab
eodem magnete secundum partem eam lapidis ,quæ
Septentrionem respiciebat in natali suo, Septentrionem
versus semper vertatur:(quod nobis parua nauicula
vniuersam circuire terram, certißimóque euentu inter
medios fluctus cognoscere VB , quod occupamus,portúsq̃,
infalli.

Heraclit.
vide Laërt.
lib.9.de vit.
Philosoph.

Dicere à
pręsente
occidentali-
quid siat,
& ignoran-
tiam detege-
re.

Magnes
navigatio
ne dirigit.

infallibili *vtilitate* , *vtiliq infallibilitate legere mon-*
strauit) ad eámque *magnetis* partē , à qua tactum
fuit , *semper deuoluatur:* contrariam autem fugiat.
Quomodo non solùm annulum *vnum* , aut acum
vnam trahat, sed vis etiā per annulos,& acus transf-
missa vsque ad plures diffundatur,quos omnes in aëre
suspendat. Si denique , quare inunctus allio omnino
langueat,trahendíque vim amittat:cogeris cedere ma-
nus. *Quod doctißimus quidam ex recentioribus facit* Scalig.
etiam inuitus : inscitiam nostram , non solùm vbi de
hoc agit magnete,sed & pluries alibi meritò accusans.
Iudex itaque noster quid hîc agat, etsi per centenos cen-
tum viuat annos? pauca experietur,illáque malè: pe-
iùs iudicabit de his:nil omnino sciet. Sed etsi plura vi-
deret, non tamen omnia' posset , quod necesse est verè
scienti.Illáque etiam plura in dubium veniret an opti-
mè expertus esset. Si enim consulat alios de iisdem Doctores
etiam circa
experiméta
dissentiunt.
rebus authores differentes,aliud atque aliud expertos
inueniet:quódque hic se expertum dicit, alter impoßibi-
le esse contendit, illúmque in experientia deceptum esse
pluribus rationibus hinc inde petitis ostendere conatur.
Sic quomodo rectè de obscuris iudicabit, iisáq, quæ sensu
nullo modo captari possunt,qui de his qvæ sensui obiiciū-
tur,aut per eum cognosci debent,dubius est?Quòd si ex-
tra authores ad populum accedas,mirum quanta va-
rietas:nusquam concordia:omnino aduersantur in plu- Vulgus vt
plurimum
doctoribus
aduersatur.
ribus iis quæ in scientiis traduntur.sed, dices, hos igna-
ros esse,res non perpendere,neque posse,crassos scilicet. At
communiter dicitur, Vox populi, vox Dei : diffiléque Vox populi
vox Dei.
est intelligere,totum populū decipi:Philosophum vnum

N *verum*

verum dicere: præcipuè si de rebus quæ in experientia potiùs consistunt, quàm iudicio, quæstio sit. Plura siquidem sunt in quibus illis credendum est: vt in agricultura, navigatione, mercimoniis aliunde aduectis: cuilibet deniquè in arte sua excellenti. Nam & illud communi fertur voce, Doctior est quilibet, ignarus licèt, in arte sua, quàm sapiens in aliena. Si ergo iudicium ferre velis inter hos, Philosophósque, cùm videas difficultates quæ ab vtrorúmque opinionibus sequantur, noui quid excogitabis, (quod communiter fit: nouarum enim rerum cupidi sumus) idq́ omnino verum esse asseres, alia omnia falsa. Alius identidem idem facit: sicq́ ferè omnes. Quis verum dixit? Te senem iam, dices, expertúmque pluries. At vt quidem fatear paucos esse qui rem attingant, sic illud quoque durum videtur, tantam multitudinem decipi, te solum verum dicere. Quid enim tu supra alios habes? Insuper, quæ longo tempore à pluribus habita sunt, confirmatáque, maius in veritate videntur habere fundamentum, quàm quæ tu nunc profers noua. Et tamen, dices, plures sunt errores qui longo durant tempore incogniti. Verum. At ego contrà: plura sunt vera longo tempore cognita, quæ tandem occultantur: illis scilicet erroribus in medium adductis, adauctísque. Quid dicemus de opinione tua noua? Vtrumque esse potest. Quod illud? Nescimus. Quòd si dicas antiquam esse etiam opinionem tuam, eo dicto, quòd Nihil dictum quin dictum priùs: ostendásque veteres aliquos ante te idem quod tu nunc dixisse: qui errorem tuetur idem dicet. Nulla enim est tam stulta opinio, quæ fautores non habeat. Hæc omnia contra me

etiam

Marginal notes (left column):

Doctior est quilibet in arte sua, cuiuscuq́ue sapiente in aliena.

Noua appetimus.

Pauci sunt qui verum tangant.

Quæ diu vsitata sunt, magnum in veritate videntur fundamentum habere.

Nil dictum quin dictū priùs.

Nulla est adeo stulta opinio, quæ fautores nó habeat.

etiam pugnant, qui, nil sciri, probare contendo : cùm nunc omnes alij aliter opinentur. Sunt tamen nihilomi- pro me:cùm ex hoc manifestè colligatur,nil sciri. Scien- tia enim per te certa, infallibilis, æternaq́, esse debet. Quid ergo iudicabit de his miser senex, quantumcùm- que eum expertum fingas? Nil certi. Atque hucusque definitionis nostræ partes duæ explanatæ videntur, res scilicet, & cognoscens. Erat autem alia, perfectè. Nec enim quælibet cognitio scientia est : nisi velis omnes scientes esse , tam doctos, quàm indoctos , & belluas etiam. Et quòd perfecta esse debeat cognitio scientia, nulli dubium : quæ autem illa sit, vbi, & in quo, ma- ximum. Sicut & alia, hoc etiam ignoratur. Forsan nul- libi est : & hoc magis rationale. Diximus partim su- prà: Perfecta cognitio perfectum requirit cognoscentem, debitéque dispositam rem cognoscendam:quæ duo nus- quam vidi. Si vidisti tu, scribe mihi. Nec hoc solùm: sed an videris perfectum quid in natura. Illud autem requiri vidisti iam suprà, nec proinde necesse est hîc re- petere.Hicq́, videtur exposita definitio nostra, subindéq́, ostensum, quòd nihil scitur. Reliquas huius rei probatio- nes latius videbis in processu operum nostrorum, vbi id semper obiter monstrabimus : siquidem iam se ex- tendisse plus satis videtur oratio, cui propterea finem demus. Ergo vidisti difficultates quæ scientiam nobis adimunt. Scio, plura forsan non placebunt ex his quæ hîc dixi: sed nec, dices, demonstraui nil sciri. Saltem quantum potui clarè, fideliter,& verè, quid sentirem exposui. Nec enim quod in aliis ego damno,ipse com- mittere volui: vt rationibus à longè petitis,obscuriori-

In natura nil perfe- ctum.

N 2 bus,

bus, & magis forsan quæsito dubiis, intentum proba-
rem. Mihi namque in animo est firmam, & facilem
quantum possim scientiam fundare: non verò chimæ-
ris & fictionibus à rei veritate alienis, quæᶐ ad osten-
dendam solùm scribentis ingenij subtilitatem, non ad
docendas res comparatæ sunt, plenam. Nam nec mihi
desunt subtilitates, ingeniosáque figmenta, quemadmodum & aliis: & si his contentus esset animus, plures illis habeo. Sed cùm hæ à rebus multùm separentur, re-
moueantúrque, animum potiùs decipiunt, quàm infor-
ment, & in ficta à veris transferunt. Hoc ego non scientiam voco: sed imposturam, somnium, simile his quæ
ab agyrtis & circulatoribus fiunt. Tuum nunc erit iudicare de his: quæᶐ bona videbuntur, amico corde ex-
cipere: quæ secus, non hostiliter lacerare: impium
enim esset prodesse conanti plagas infligere. Exerce te.
Si aliquid scis, doce me: gratias enim habebo tibi plures. Interim nos ad res examinandas accingentes, an
aliquid sciatur, & quomodo, libello alio præponemus:
quo methodum sciendi, quantum fragilitas humana
patitur, exponemus.　VALE.

Quæ docentur non plus habent virium,
　　quàm ab eo qui docetur
　　　　accipiunt.

OVID.

FINIS.